KB016950

두려움 없이 나이 들기 위한 셀프 코칭

오십에 하는 나 공부

두려움 없이 나이 들기 위한 셀프 코칭

오십에 하는 나 공부

2023년 6월 22일 초판 1쇄 발행. 남혜경이 지었으며, 도서출판 샨티에서 박정은이 펴
냅니다. 편집은 이홍용이, 표지 디자인은 김선미가, 본문 디자인은 김현진이 하였으
며, 이강혜가 마케팅을 합니다. 제작 진행은 굿에그커뮤니케이션에서 맡아 하였습니
다. 출판사 등록일 및 등록번호는 2003. 2. 11. 제2017-000092호이고, 주소는 서울시
은평구 은평로 3길 34-2, 전화는 (02) 3143-6360, 팩스는 (02) 6455-6367, 이메일은
shantibooks@naver.com입니다. 이 책의 ISBN은 979-11-92604-13-8 03180이고,
정가는 17,000원입니다.

ⓒ 남혜경, 2023

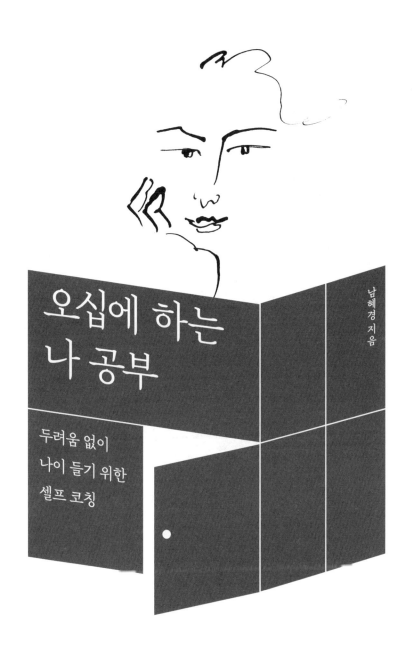

오십에 하는
나 공부

남혜경 지음

두려움 없이
나이 들기 위한
셀프 코칭

【산티】

"언젠가는 해야겠다고 생각한 일을 지금부터 해야겠습니다.
우선 나 자신을 더 소중하게 여기고 행복하게 하는 일부터 하고,
가족과 친구와 모든 이에게 조금이라도
도움이 되는 일을 찾아서 하겠습니다.
코칭 대화를 끝내고 나니 마음에 자비와 사랑이 넘쳐나네요.
내일 무슨 일이 생길지 불안과 두려움을 없애려면
오늘 하루를 더 소중하게 살아야겠습니다."

—본문 중에서

차례

4부 · 상실과 죽음이 기다릴지라도

답은 이미 내 안에 있다,
좋은 질문이 필요할 뿐

잠자리에서 일어난 아침, 옆에서 코를 골며 자는 남자가 있다면 깨워서 한번 물어보라.

"당신이 누구야? 우리가 어떤 사이인데 내 옆에서 자는 거지?"

남자는 짜증을 내면서 "당신, 치매 왔냐?" 하며 돌아눕겠지만, 잠이 다 깨고 나면 이런 생각을 할지도 모른다.

'정말 아침마다 이 침대에서 눈을 뜨는 나는 누구지? 저 여자랑 밤마다 나란히 잠에 드는 나란 존재는 대체 뭐지?'

혼자라면 자신에게 이렇게 물어본다.

"어제와 같은 침대에서 또 하루를 시작하게 되었구나. 오늘은 무엇을 해야 하지?"

아침을 이런 질문으로 시작했다면 어제와는 다른 하루를 시작할 준비가 된 셈이다. "무엇을 해야 하지?"라는 질문은 "무엇을 하고 싶지?"라는 질문으로 나아가고, 그 질문 덕분에 내일은 오늘과는 조금이라도 다른 나로 변해 있을지 모른다.

정말로 물어보자. "나는 누구인가? 나는 어떤 사람인가?"

쉰내 나는 오십대 중반을 지날 무렵 나는 이 질문에 선뜻 답을 내놓을 수 없었다. 명함은 곧 내려놓아야 할 테고, 나이 숫자를 내밀어봐야 뭔 소용일까? 누구의 엄마라는 소중한 자리도 그 소임이 끝나가고 있었다. 젊었을 때는 능력 있고 멋진 사람이 되고 싶었다. 많은 이의 사랑을 받고 돋보이는 사람이 되려고 안달하며 살아왔다. 이제는 남들의 평가에 상관없이 스스로 존재감을 느끼는 사람이 되고 싶다는 생각이 들었다.

그때 '코칭'을 만났다.

코칭을 특별한 문제를 해결하는 방식의 하나로만 알고 있던 나는, 우연한 기회에 참가하게 된 코칭 워크숍에서 신선한 충격을 받고 새로운 깨달음을 얻었다. '내가 원하는 게 무엇인지 제대로 알고 더 나은 삶의 길을 스스로 찾아가는 과정'이 코칭이며, '코치'는 그 여정을 함께하면서 도움을 주는 파트너였다. 앞으로 어떤 사람으로 살고 싶은지 코치와 대화하면서 나의 내면을 들여다볼 수 있었고, 내가 찾던 '존재감'을 느끼기 시작했다.

그동안 보이는 모습에 신경 쓰느라 미처 피어나지 못한 나를 끄집어내 놓고 보니, 나는 남의 삶에 호기심이 많고 필요하면 뭐라도 도와주고 싶어 하는 오지랖 넓은 사람이었다. 주변에 선한 영향력을 끼치면 신바람이 나는 유형이었다.

나에게 도움을 준 그 코치처럼 나도 다른 이들이 더 나은 삶의 길을 찾아 걸어가도록 곁에서 도움을 주는 코치로 살고 싶다는 생각이 들었다. 코치는 옳은 길을 제시하고 정답을 가르쳐주는 사람이 아니다. 코치이coachee(코칭대상자)와 함께 길을 가며 격려하고 지지하면서 그가 미처 알아차리지 못했던 내면을 들여다보고 사유하도록 '질문을 던지는 사람'이다. 인간은 교정의 대상이 아니라 이미 온전한 존재여서 해답은 밖이 아니라 자신 안에 있다고 믿고 지지해 주는 것이 코칭 철학의 핵심이다.

어떤 면에서 코칭은 불교의 가르침 방식과 참 많이 닮았다. 불교가 물음의 종교이고 경전은 질문의 책이니 말이다. 부처는 주어진 삶을 그대로 받아들이기보다는 우주 만물의 이치를 깨닫기 위해 수많은 질문을 갖고 끝없이 수행하며 자신의 답을 찾았고, 가르침을 펼 때도 진리를 일방적으로 전하는 방식이 아니라 상대가 스스로 이해하고 깨달을 때까지 질문을 계속하는 방법을 택했다. 경전에 담긴 부처의 말씀은 결론식 대답이 아니라 질문식 대답이다. 대답하면서도 계속 질문해서 처음 질문한 사람이 끝까지 생각하도록 한다. 경전의 내용을 잘 모르는 사람이라도 그 속에 담긴 질문식 사유를 익힌다면 어떻게 진리를 찾아갈 수 있는지 그 방법을 얻어갈 수 있을 것이다.

코칭도 불교와 같이 스스로 질문을 던지며 궁극의 답을 찾아갈 수 있도록 도와준다. 예를 들면 직업을 찾을 때, "어떤 직업이 월급이 많고 대접받는 좋은 직장인가?"라고 묻기보다 "자신에게 맞는 일은 무엇이며, 하고 싶은 일은 무엇인가?"라는 질문으로 어떻게 하면 더 지혜롭고 충만한 삶을 살 수 있는지 스스로 찾아가도록 한다.

만 60세가 되던 무렵, 그러니까 '환갑!'이 되기 한 달 전부터 나는 예순이 되는 기념으로 멀리 여행을 다녀올 거라고 떠벌리고 다녔다.

"내가 환갑이 되거든. 그래서 못 가본 스페인을 가보려고"

"언제 육십이란 나이가 되었는지 못 믿겠어. 나를 위로하는 여행이나 가려고."

그리고 여행에서 돌아온 다음날, 새벽잠에서 깨어나자 문득 의문이 들었다. '한편으로는 예순이라는 나이를 감추고 싶어 하면서 환갑 여행을 갈 거라고 광고하고 다닌 건 뭐지?'

코치로서 나는 자신에게 몇 개의 질문을 던졌다.

예순이라는 숫자가 인생에서 뜻하는 바가 뭔지?

나의 예순 인생은 어떠했는지?

앞으로 남은 인생은 어떤 모습으로 살고 싶은지?

그렇다면 지금 나는 무엇을 해야 하는지?

하나씩 답을 해나가다 보니 숨어 있던 속마음이 드러났다.

'맞아! 나는 예순 고개를 넘는다고 소문내면서 인생에서 한 발 물러나려 한 거야. 나태하고 둔한 머리와 몸으로 남은 시간을 보내도 좋을 나이가 되었다고 주변에 외쳐대면서 자신에게도 허락을 구하고 있었던 거지. 그렇다면 5년 뒤에, 10년 뒤에는 나는 어떤 모습이 되고 싶을까? 지금 이대로 늙어 그저 하루하루 무사히 보내면서 생이 다하기를 기다리는 그런 모습을 원하는 건가? 일흔이 되어 공원 벤치에 앉아 지나가는 젊은이들을 엿보면서 나도 저만할 때는 열심히 살았다고 변명하며 무탈한 날들에 감사하면서?'

그런 질문들을 던지며 미래의 모습을 그려보니 내 마음은 그건 아니라고 고개를 저었다. 매일 조금씩 깨우치고 성장하면서 가족과 이웃과 교감하는, 생기 있는 하루하루를 원하고 있었다.

육십이 넘어도 그렇게 설레는 미래를 위하여 나는 자신에게 질문하기를 멈추지 않기로 했다. 또한 코치인 나를 찾아온 이들과 함께 "어떻게 살고 싶은지?" "진정한 내 모습은 무엇인지?" 묻고 또 답을 찾아갈 수 있길 바라본다.

몸과 마음, 일과 인간 관계, 일상을 보내는 방법이 자의든 타의든 조금씩 변할 수밖에 없는 50~60대 시니어 친구들이, 이 책 속의 사람들이 그러했듯 코칭 대화를 통해 자신에게 필요한 질문을 용기 있게 꺼낼 수 있었으면 좋겠다. 답은 그대 안에 이미 있을 것이므로.

이 책은 그동안의 코칭 사례들을 스토리텔링으로 재구성한 것이다. 모든 이야기는 실제를 바탕으로 하되 개인 정보가 최대한 드러나지 않게 하면서 다른 사례와의 중복을 피해서 조금씩 빼고 넣기를 하는 등 약간의 각색을 거쳤다. 사례의 주인공들에게 게재의 허락을 받았음도 밝혀둔다.

나를 믿고 자신의 이야기를 들려준 나의 코치이들에게 감사드린다. 그중에는 언제든 함께 수다를 나누며 서로 공감하고 지지해 주는 나의 오랜 지인들도 섞여 있다. 모두 참 귀한 인연이다.

우리, 같이 잘 늙어갑시다!

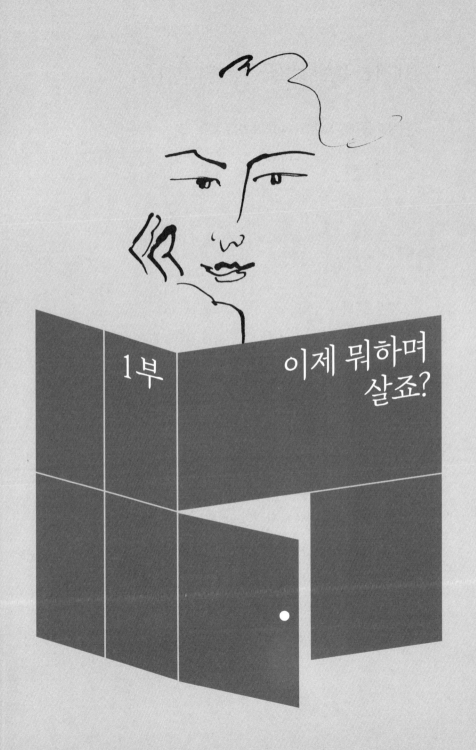

1부

이제 뭐하며
살죠?

내게는 절실한 질문, 뭐하며 살지?

진정한 존재감 느끼는 '보시'의 일을 찾다

경옥은 "이제 뭐하며 살죠?"라고 물었다.

누구나 어느 지점에서 한 번은 하게 되는, 정답이 없어서 더 궁금한 질문.

이때, '사는 것'은 무엇이고, '한다'고 하는 그것은 무엇일까?

선문답이 아니다. 아니 선문답이다.

나는 그 질문을 이렇게 돌려주었다.

"경옥 님에게 산다는 것은 어떤 건가요?"

그녀는 즉답을 미루고 자신의 이야기를 들려주었다.

1960년대생으로 50대 후반인 그녀는 경제 성장 시대를 열심히 살면서 그 혜택을 제대로 누린 운 좋은 여성이라 할 수 있었다. 대학에서 사회학을 전공하고 어렵지 않게 대기업에 취업했다. 무난하고 성공적인 직장 생활을 했고, 같은 직종에서 두 번 회사를 옮기면서 부장 직책까지 맡고 정규직을 마감했다. 빅데이터 관련 업무를 맡은 경험을 살려 관련 연구소에서 계약직으로 5년간 더 일하고 지난해 봄에 은퇴했다. 가족은 결혼해서 독립해 나간 아들이 하나 있고, 저축과 연금으로 노후의 경제 문제는 큰 걱정이 없었다.

그런데도 은퇴 후 1년이 지나가는 지금 그녀는 삶에 활기를 잃어버린 것 같다고 말했다.

"뭘 해도 마음 한편에 허전한 느낌이 있습니다. 꽉 차오르는 순간이 없다고나 할까요? 하루하루 그냥 시간만 보내는 기분입니다."

"은퇴 이전에는 어땠나요?"

"물론 직장을 다닐 때도 매일 신나거나 성취의 열정에 사로잡히거나 하지는 않았어요. 젊은 한때를 빼고는요. 그래도 아침이면 또 어떤 하루가 될까 기대도 있고, 일을 시작하고 끝내는 자잘한 만족과 기쁨이 있었죠. 무엇보다 마음이 평화롭고 단단하다는 자신감이 있었어요. 지금은 그때와는 확실히 달라요. 공허하다고나 할까, 마음을 붙잡는 뭔가가 없습니다. 이렇게 말하고 보니 저에게 산다는 건 마음의 균형을 잡고 무엇엔가 순간순간 몰입하는 것인 듯하네요. 요즘의 생활은 알맹이가 빠져 있어요."

그녀는 요즘의 일상이 몰입의 즐거움이 없는, 허전하고 공허

한 시간이라고 강조해서 말했다.

성공한 워킹우먼인 그녀의 스토리를 보면 분명 나름대로 은퇴 후를 잘 준비했을 텐데 하는 의문이 들었다.

"은퇴 후 어떤 생활을 기대하고 준비하셨어요?"

"은퇴 준비를 해왔다고 생각했는데, 막상 닥치고 보니 돈을 모으는 것 외에는 구체적인 준비가 없었던 거나 마찬가지더라고요."

"은퇴 준비는 무엇이고, '없었던 거나 마찬가지'라는 건 무슨 뜻인가요?"

그녀의 은퇴 준비는 이런 것이었다고 했다. 첫 번째는 돈 쓰는 압박에서 자유로울 것. 일상의 해결은 물론이고, 가끔은 해외 여행도 할 수 있고, 친구들과의 모임에서 선뜻 지갑을 열 수 있을 정도의 경제 능력을 갖추는 것이 목표였다. 열심히 일하고 크게 낭비하지 않은 덕에 경제 독립은 가능했다. 다음으로는 정서의 독립. 혼자서도 잘 지내서 아들이나 주변의 누구도 귀찮게 하지 않을 것. 외롭지 않기 위해서 그녀는 건강 관리와 취미를 위한 투자를 게을리 하지 않았다. 꾸준한 운동은 물론이고 음악회와 전람회를 다니면서 식견도 넓혔고 동호회 활동도 했다.

은퇴를 앞두고 그녀가 맨 먼저 기대한 건 매일 출근하지 않는 생활의 여유와 편안함이었다.

'느긋하게 일어나 시간에 쫓기지 않고 가벼운 건강식으로 아침을 만들어야지. 거실에는 클래식 음악을 잔잔하게 틀어놓을 거야. 창으로는 화사한 햇살이 쏟아져 들어오겠지. 그리고 동네를 산책하는 거야. 멋진 카페에 가서 향이 좋은 커피에 달콤한 케이크를 먹을 수도 있겠지. 거기서 느긋하게 책을 읽자. 오후에는 친구를 만나거나 문화 생활을 하는 거지. 점심 후에 잠시 낮잠을 자는 것도 좋아. 저녁이면 드라마에 빠져 다른 세계를 유람하자. 요즘 화제가 되는 K무비도 제대로 즐긴 적이 없잖아.'

늘 바쁘게 살아온 그녀에게 이런 생활을 그리는 건 즐거운 상상이었다. 짜릿한 흥분이 느껴지는 생활은 아닐지라도 지루한 일상이 되리라는 염려는 하지 않았다. 하지만 몇 달 지나지 않아 느긋한 일상이 계속된다는 건 늘어진 고무줄이 달린 속옷을 입는 것처럼 나른한 일일 뿐이라는 걸 깨달았다.

"서너 달은 편안하고 산뜻했어요. 평일 조조 영화를 관람한다든지, 아무 날이나 좋아하는 연주회에 갈 수 있다든지, 내키면 항공편을 예약해 제주도의 멋진 펜션으로 날아가 풍광을 즐기며 맛집을 찾아가도 되는 생활이 화사하고 능력자 같았어요."

해도 되고 안 해도 되는 일로 하루의 시간을 채운다는 게 맥빠진 일상이라는 걸 깨닫는 데는 6개월이 채 걸리지 않았다. 일 없이 먹고 쓰는 일로 하루를 보내는 유한마담 같은 생활은 성실함을 첫 번째로 꼽아온 그녀의 가치 철학을 건드리기도 했다.

그래서 다른 은퇴자는 뭘 하나 찾아보았다. 그동안의 바빴던 시간을 보상하듯 소비하며 즐기고 사는 이가 대부분이었다. 이사를 하고 차를 바꾸고 해외 여행 계획을 짜면서 아늑하고 고민 없는 삶을 살 수 있다는 데 만족하고 있었다. 그런 여건이 되지 않는 이들은 그녀의 고민을 사치로 여겼다. 손주를 돌보느라 하루하루가 바쁘다는 친구는 그녀에게 꼭 해야 할 일이 없는 게 얼마나 편하냐고 되물었다. 그 친구는 매일 출근하다시피 하면서 손주를 봐주고 있었다. 작은 옷가게의 월급 사장으로 일하는 다른 친구는 피곤한 얼굴로 그녀를 팔자 좋은 푸념이나 하는 철 없는 친구로 여겼다.

"남이 부럽다고 해도 본인이 아니라면 아무 의미가 없는 거지요. 자신이 원하는 삶이 뭔지 찾으려는 열정이 보기 좋습니다."

우리 모두에게는 각기 다른 인생이 있고 각기 다른 질문이 있다. 나는 그렇게 진심으로 그녀를 격려하며 그녀가 원하는 삶을 찾기 위한 여정에 힘을 보탰다.

경옥은 하루에 몇 시간씩 아르바이트라도 해볼까 하여 진지하게 일을 찾아보았다고도 했다.

"생활의 리듬이 중요하다는 생각이 들었거든요. 한나절이라도 바쁘게 일을 하면 집에서 쉬는 시간이 소중하게 느껴질 것 같아요."

하지만 그 일도 녹록지 않았다. 일단 예순이 다 된 그녀를 일꾼으로 써주겠다는 곳이 없었다. 바리스타 자격증까지 따놓은 그녀였지만 커피머신을 맡기는 가게 주인은 없었다. 그중 동네 생활협동조합의 활동가 자리가 자격이 돼 시작해 볼까 했는데 먼저 경험해 본 지인의 말이 용기를 꺾어놓았다. 아침에 물건이 들어오면 진열해야 하는데, 과일이며 생필품 상자를 들었다 놓았다 하는 일이 여간 힘든 게 아니라고 했다.

"두 달 일하고는 디스크 증세가 생겼대요. 하루 여섯 시간 이상 서 있어야 하는 게 엄청 고단하다며, 노동으로 단련된 몸 아니면 우리 나이에 그 일 어렵다고 말리더라고요. 은퇴 후에 왜 그렇게 커피 전문점을 많이들 하나 했더니 알고 보니 이유가 있더군요. 달리 큰 기술은 없고 점원으로 써주지 않으니 직접 차려야 하고, 그런 거죠."

돈 걱정 없으니 취미삼아 일하려는 거라고 여기는 주변의 시선도 경옥은 괴로웠다. 파트타임이라도 다시 할 일을 찾는다고 했더니 아들은 "뭐 그렇게까지 해야 해?"라며, 정 심심하면 일주일에 두어 번 자기네 집에 와서 손주 공부를 봐주면 어떠냐고 했다.

그건 그녀가 원하는 일이 아니었다. 정 봐줄 사람이 없으면 모를까, 오래 다닌 돌보미 아줌마가 있었고, 손주 공부를 시키는 건 그녀가 잘하는 일도, 하고 싶은 일도 아니었다.

"은퇴 후 처음으로 좌절을 느꼈어요. 놀다가 지루하면 무슨 일이든 하겠다고만 생각했던 겁니다. 내가 원하는 노후의 삶은 어떤 모습인지, 그걸 위해서 지금 내 조건과 능력으로 뭘 준비해야 하는지 구체적인 계획이 없었어요. '쓸 돈도 있고 건강하고 편안한데 무슨 고민이냐?'는 주변의 시선을 무시하고 내 일을 찾고 싶어요."

타인과 교감하며 존재 의미 느끼고 싶어

나는 경옥의 첫 질문으로 돌아가 그녀의 마음을 함께 들여다보기로 했다. 남들이 뭐라 하든 어떻게 평가하든 그녀에게 절실한 질문과 답을 찾을 필요가 있었다.

"은퇴 후 생활에서 기대한 것들이 있었다고 했는데, 막상 그런 상황이 되니 어떻던가요?"

그녀는 은퇴 후 생활에서 느끼고 싶었던 건 아늑함과 편안함이었는데, 실제 그런 생활을 해보니 허전함과 지루함이 더 컸다고 했다.

"그 지루함과 허전함의 이유가 뭘까요?"

그녀는 해도 되고 안 해도 되는, 의무가 없는 일에서 전혀 긴장감을 느끼지 못하고 성취감도 없더라고 했다. 나는 그녀가 강조하는 긴장감과 성취감이라는 게 앞서 말한 마음의 균형을 잡고 몰입하는 삶과 닿아 있다고 느꼈다. 그녀는 그게 없으면 알맹이가 빠져 있는 삶이라고 느끼는 것 같았다.

"그렇군요. 그걸 알맹이라고 표현하시는군요. 구체적으로 긴장감과 성취감을 어떻게 하면 느낄 수 있을까요?"

그녀는 잠시 생각에 잠기더니, 긴장감은 정해진 시간에 일을 끝내고 매듭짓는 데서 오는 감정이고, 성취감은 자신의 존재감을 느끼며 무언가를 생산해 낼 때 느끼는 감정 같다고 말했다.

그녀는 존재감이라는 단어를 힘주어 천천히 말했다.

"맞아요. 존재감이에요, 나에게 중요한 것은!"

그녀가 생각하는 존재감에 대해 더 들어보고 그 의미를 분명히 하기 위해 우리는 코칭 대화를 이어갔다.

경옥이 생각하는 존재감이란 이랬다.

"나라는 존재와 삶의 의미를 순간순간 느끼는 거죠. 내가 어떤 사람인가를 확인하고, 다른 이와 교감하면서 충만한 감정을 느끼는 겁니다. 지금 하는 일이 이런 쓸모가 있구나 하고 느낄 수 있어야 하고요."

거창한 의미와 목표가 있는 것이 아니라도 좋다고 그녀는 생각한다. 작은 의미, 작은 성취라도 매일 느끼면서 살고 싶다. 누군가와 교감하는 것도 중요하다. 경옥의 첫 질문인 "뭐하며 살죠?"의 그 '산다'는 것은 일상에서 순간순간 자신의 존재감을 느낀다는 뜻이다.

'존재감'이란 단어는 그 자체만으로도 꽉 찬 느낌을 준다. '나'라는 근원을 건드리는, 뱃속에서 뭔가가 차오르는 듯한 느낌. 존재감은 실존의 문제이기도 하다.

경옥이 그런 존재감을 느낄 수 있는 일을 찾기 위한 질문이 이어졌다.

- 존재감이라고 말한 그런 감정을 어떤 일을 할 때 느끼는지?
- 그 일을 하기 위한 자질이나 자격이 무엇인지?
- 그 일을 하면서 몇 년이 지난 뒤에는 어떤 상황이 펼쳐지길 바라는지?
- 지금 바로 찾아본다면 어떤 일들이 있는지?

그녀가 나와 함께 세 번의 코칭을 통해 찾아낸 내면의 답은 이랬다.

- 아직은 긴장감이 있는, 성취가 분명한 일이 필요하다.

24

- 그 일은 반드시 돈은 아니라도 대가가 있어야 한다.
- 나의 능력을 보여주고 누군가에게 도움이 되는 일이어야 한다.

"말씀하신 조건 중에서 가장 중요한 게 뭔가요?"

나는 그녀가 말한 그 존재감을 제대로 느끼는 일을 찾게 해주고 싶었다. 그녀는 다시 한 번 조건을 하나씩 짚어갔다.

"누군가에게 도움을 주어 더 나은 사회를 만드는 일이 나를 더욱 충만하게 할 것 같아요."

그녀는 원하는 일의 의미와 가치를 분명히 했다. 앞서 말한 존재감이라는 단어가 빛을 발하는 순간이었다. 어렴풋했던 내면의 답을 명료하게 하는 순간에, 나는 그녀를 이끌고 갔다는 '코치로서의 존재감'을 느꼈다. 그녀와 내가 교감하며 함께 노력한 결과였다.

"남과 교감하며 도움을 주는 일! 그런 일을 원하시는군요. 반드시 좋은 일을 찾게 되리라 믿습니다."

그녀는 코칭 세션이 끝나고 2개월 후에 리마인드 코칭(코칭 목표를 되새기고 그 지점에서 어느 정도 변화와 성장을 했는지 점검하는 것)을 하기로 했다.

동년배들과 나누는 경험과 지혜

라마인드 코칭에서 경옥은 자신이 찾은 일이 구체적으로 무엇인지 알려주었다.

"그동안 내가 할 수 있는 일과 하고 싶은 일, 그 일의 쓰임새와 비전 등을 조사하고 매일 코칭 다이어리를 기록했어요."

그렇게 해서 그녀가 찾아낸 첫 번째 일은 포커스 그룹 인터뷰를 통한 리서치였다.

"우리 세대의 인생 설계를 조사해 보고 싶어요. 제 고민이 이런 일거리를 만들었죠. 지금 이 시기에 나와 비슷한 처지에 있는 시니어들이 무슨 생각을 하고 어떤 삶을 원하는지 알아보고 싶었고, 그것이 나에게도 그들에게도 의미가 있으리라 생각해요. 리서치라면 많이 해본 일이니까 자신도 있고요. 일단 50명 정도를 목표로 하고 있습니다. 끝나면 보고서를 쓰면서 그다음 단계를 기획해 볼 거고요."

나는 '옳다구나!' 싶게 그녀가 자신에게 안성맞춤인 일을 찾았다고 느꼈다. 만일 단순히 보수를 받고 하는 일이라면 자신의 욕구는 어느 정도 해결되었을지 모르지만 진정한 존재감은 느끼기 어려웠으리라. 경옥처럼 소유와 일상의 안녕만으론 어딘가 부족하다고 느낀다면 사랑과 자비의 길로 다가가는 '보시布施'를 행함으로써 진정한 존재감을 느낄 수 있다. 그녀에게는 그동안 직장 생활로 얻은 경험과 지혜를 동년배의 시니어들과 나누며 교감하는 일이 보시였다.

보시는 불교에서 말하는 보살의 수행 덕목인 '여섯 바라밀'의 첫 번째 항목이다. 피안彼岸에 도달한다는 뜻의 산스크리트어 '파라미타'를 한자어로 소리 나는 대로 옮긴 말이 '바라밀波羅蜜'인데, 이는 부처가 되어 열반에 이르기 위한 보살의 수행법을 가리킨다. 깨달음을 얻기 위해 실천해야 할 덕목인 여섯 바라밀 중 자기 아닌 다른 사람과 관련된 것이 첫 번째 바라밀인 '보시'이다. 계율을 지키는 '지계持戒', 고난을 이기는 '인욕忍辱', 꾸준히 수행하는 '정진精進', 마음을 닦는 '선정禪定', 진실하고 올바른 '지혜智慧', 이 다섯 바라밀이 모두 자신의 수행에 해당하는 것과 달리 보시는 남에게 재물과 지혜를 나눔으로써 열반에 이르고자 하는 수행법이다.

보시란 보상을 바라지 않고 베푸는 행위이다. 자신이 가진 것을 내어주는 보시를 여섯 바라밀 중에서도 가장 적극적인 수행으로 보는 이유는 그것이 보상을 바라지 않는 순수한 자비의 마음으로 행하는 것이기 때문이다. 다른 사람을 위해 뭔가 할 때는 언젠가 보상받으리라 기대하거나, 최소한 자신이 좋은 사람이라는 만족감을 느끼고 싶어 하는 경우가 많다. 상대에게 보상을 바라고 베풀면 그 보상이 오지 않을 때 마음이 채워지지 않고 원망이 생겨 괴롭다.

보상을 바라는 마음 없이 사람들에게 도움을 주고, 그렇게 함으로써 남은 생이 더 깊은 사랑과 자비로 나아가기를 바라는 마음이 진정한 보시이다. 경옥이 그런 보시를 실천함으로써 순간순간 자신의 존재감을 느낄 수 있겠다는 깨달음을 얻었고 그 과정에 코칭이 도움이 되었다니 코치로서 나는 작은 보람을 느꼈다.

명퇴한 전직 교수의 인생 2막

자유 의지로 주인이 되는 삶

결승점까지 가지 않고 스스로 멈추었다 해서 그에 대한 보상의 의미를 담아 '명예 은퇴'라고 하는 걸까? '은퇴'라는 단어에서는 고단한 일을 끝냈다는 안도감, 홀가분함과 함께 뭔가 끝까지 해보지 못했다는 미련과 아쉬움이 한 순갈씩 묻어난다.

어느 시기에 어떤 이유로 은퇴를 결정했건 오랫동안 습관처럼 해오던 일과 자신의 자리를 내려놓고 나면 누구에게나 회한이 조금씩은 따라붙게 마련이다. 더 가질 수도 있었고 더 멋진 성취를 이뤄냈을지도 모르니 말이다.

끝까지 가보지 못했다는 아쉬움은 종종 앞으로 내딛는 발걸음을 멈추게 하고 목덜미를 뒤로 낚아채기도 한다. 그러나 그 결정이 스스로 내린 선택이었다면 그런 아쉬움에 흔들리지 않고 앞으로 나아갈 수 있다. 미련은 남을지언정 실패했다는 자괴감과 상실감은 들지 않는다.

민 교수도 정년이 보장되는 대학 교수 자리를 10여 년이나 남기고 미리 은퇴했다. 그녀의 말에서는 순전히 자신의 의지로 일을 내려놓은 사람이 갖는 자유로움과 의연함이 엿보였다.

"요즘 시대에 그 좋은 직업을 왜 정년까지 하지 않았냐고 물어보는 지인이 많아요. 그러면 그만둔 이유가 102가지는 된다고 대답합니다. 저로서도 큰 용기가 필요했어요. 교수라는 타이틀과 안정된 수입, 지위에 힘입은 여러 사회 활동을 끊기로 결심하기가 쉽지는 않았죠. 월급에 의존하지 않아도 되는 경제력이 있어도 한편으로 그런 자리를 내놓는 게 배부른 짓이 아닌가 하는 생각도 했어요. 그렇지만 스스로 내린 결정이니까 그만두고 나서도 크게 후회하지 않고 생활을 즐길 수 있었습니다. 그만둔 나만의 이유가 늘 마음의 답으로 자리하고 있으니까요."

그만둔 '나만의 이유'가 있다는 대답은 깔끔하고 명확하게 들렸다. 자신이 자기 삶의 주인공이라는 확인이자 선언이기 때문이다. 가진 것이 많든 적든 자기 삶의 주인공으로 사는 것이 중요하다는 걸 누구나 알지만, 실제로 그렇게 살기는 쉽지 않다. 나는 그녀가 말하는 '나만의 이유'가 무언지 좀 더 구체적으로 듣고 싶다고 말했다.

전문 대학 교수로 20년 넘게 재직하다 보니 하고 싶은 일보다 하기 싫은 잡무가 점점 더 많아졌다. 가장 큰 즐거움을 주던 '학생을 가르치는 일'조차 전문 대학이 기술 학교로 변질하면서 더 이상 즐겁지 않았다. 취업 시장의 변화에 맞춰 전공을 바꿔서 다시 공부하며 수업을 해야 했으니 여러 어려움이 따랐다. 일반 기업처럼 실적을 올려야 하는 건 아니니까 버티려면 버틸 수도 있었다. 다른 전공을 공부하는 일은 어렵기는 했어도 낯선 학문을 접하는 데서 오는 신선한 자극도 있었다. 하지만 적당히 하는 건, 뭐든 맡겨진 일은 최선을 다하는 자신의 성격에 맞지 않았고, 무엇보다 학생을 가르치는 일이 더 이상 즐겁지 않다는 게 괴로웠다.

"이전에는 제자와 스승이 주고받는 상호 작용이 큰 의미가 있었어요. 열심히 가르치면 학생들이 따라오고, 또 내가 그들의 진로에 선한 영향력을 끼치는 것 같아 보람도 있었고요. 점점 취업만이 전부가 되어가는 대학 교육의 현실에 전공까지 바꾸고 나니까 학생들과 소통하기도 쉽지 않더군요."

그녀는 게임 콘텐츠 기획을 가르쳤는데, 학생들의 관심사는 오로지 취업뿐이라 게임의 배경을 이루는 인문학이나 심리학 등의 중요성을 이야기하면 그것을 알아듣고 받아들이는 학생은 소수에 불과했다. 전공을 바꾸는 바람에 품은 훨씬 더 드는데 학생들과는 소통이 안 되니 가르치는 일이 점점 흥미가 없어지고, 자신의 노동 가치 또한 떨어진다는 느낌이 들어서 의욕을 잃어갔다. 게다가 학교 조직에서 맡아야 할 일은 많아지니 스트레스만 더 쌓였다. 이렇게 버티는 게 무슨 의미가 있나 싶어지면서 60세까지는 해보자 했던 목표 의식도 사라졌다.

"최고 경영자의 입맛에 맞추고 적당히 눈치 보며 버티는 조직 생활이 나이가 들수록 더 힘겨워지더라고요. 나의 가치관에 어긋나는 일을 하면서 시간만 흘려보내 정년을 채우는 게 무슨 의미가 있나 자주 회의가 들었어요. 그러다가 정년까지 남은 시간은 월급과 교수 타이틀 외에는 의미가 없겠다는 결론에 이른 거죠. 다른 가능성이 있을지 없을지 모르겠지만 아직 힘이 남은 나이에 은퇴하자고 결정했지요."

그녀가 이야기하는 사직 이유는 직장인이라면 누구나 공감하면서도 또한 '참고 견디는' 상황이기도 할 것이다. 20년 넘게 월급쟁이로 살아온 나 역시도 느꼈던 그런 순간들이 떠오르면서, 민 교수의 당당한 선택을 다시 한 번 응원하고 싶어졌다.

꿈꾸던 일, 이제는 덤벼보고 싶다

민 교수는 은퇴 후 2년 넘게 원 없이 쉬었고 이제는 다시 일해야 할 것 같아 코칭을 받기로 했다면서, 그 결심을 확고히 하는

데 코칭이 도움이 되면 좋겠다고 했다. 내가 먼저 물었다.

"은퇴하면서 어떤 계획이 있었나요?"

"아뇨, 일단 쉬고 싶었어요. 교수 되기 전 직장까지 더하면 25년 넘게 벅차게 일했고 박사 학위 공부와 육아도 병행했죠. 이제는 충분히 쉴 자격이 있다고 생각했습니다. 다음날 출근을 걱정하지 않고 밤새워 영화를 보거나 책을 읽거나 하는 시간이 정말 좋았어요."

시간에 구애받지 않고 세계를 여행하는 게 첫 번째 계획이었는데 코로나 펜데믹이 막아섰다. 그 대신 국내 여행을 마음껏 다니고, 띄엄띄엄하던 골프도 본격으로 시작했다. 늘 뭔가 해야 할 숙제를 안고 사는 듯한 부담감에서 해방되자 하루하루가 유쾌했다. 원하는 대로 다 하며 편안히 지내는 일상은 조기 은퇴에 대한 보상을 충분히 느끼게 했다. 소소한 자유로움을 듬뿍 느낄 수 있는 시간이었다.

"그러면서 지난 시간을 돌아보면 어떤 생각이 드나요?"

"미련이 없을 수는 없죠. 가끔 교수 자리를 더 유지해야 했나 하는 생각이 들기도 하지만, 내가 내린 결정이니까 길게 고민하거나 하지는 않아요. 그럴 때는 그만두고자 했던 이유를 떠올리며 생각하죠. '최선을 다해 일했잖아. 교수로서 학생들을 가르치는 보람도 있었고, 학교의 중요 보직에도 올라봤지. 이제 더 이상 그런 것이 의미 없는 시기가 왔는데도 계속하고 있다면 매일 매일 지루했을 거야. 건강도 나빠졌겠지. 지금처럼 즐겁고 편안한 시간을 보내고 있지 못할 거야.' 이렇게요. 나의 의지로 그만두었기 때문에 미련과 아쉬운 마음이 들 때도 바로 떨칠 수 있어요. 오히려 집착하지 않는 자신이 대견합니다."

"지금 생활이 편안하다고 했는데 다시 일해야겠다고 생각하게 된 특별한 계기가 있나요?"

"쉴 만큼 쉬었다고나 할까요? 일을 한다 해도 무리 없이 할 수 있는 시간이 얼마 안 남았다는 생각이 들어요. 곧 환갑이 다가오거든요."

민 교수는 반드시 일해야 한다는 절실함이 크지 않은 만큼, 자신이 하는 일이 무엇보다 즐겁고 또 자신이 가진 지식으로 사회에 도움을 주는 일이면 좋겠다고 했다.

그녀가 생각했을 때 바로 시도해 볼 수 있는 일은 두 가지였다. 하나는 미디어 전공자로서 책을 쓰기도 했던, 우리 사회의 '갈등과 소통'에 관해 연구하는 일이었다. 미디어가 다양해지면서 그것이 사회 갈등의 원인을 분석하고 알려주기보다 오히려 촉발하는 복잡한 구조가 되었기 때문이다. 그런데 마침 그 해소 방안을 연구하던 그룹에서 회사를 만들며 그녀에게 함께 일해 보지 않겠냐는 제안을 했다.

"그동안 공부하며 쌓아온 지식이 사회에서 여전히 유효하고 쓸모 있는 것임을 확인해 보고 싶어요. 미디어가 지배하는 사회의 속성과 미디어로 생기는 갈등 문제를 책으로 쓰기 위해서도 필요한 사전 작업이라 이 일은 저한테 의미가 있습니다."

첫 번째 일은 이렇게 큰 고민 없이 결정했지만 두 번째 일은 마음을 다잡고 신중히 계획을 세워야 하는 일이었다. 바로, 예전부터 막연하게 꿈꾸던 드라마 작가에 도전하는 것! 우리는 이 부분에 코칭 대화를 집중하기로 했다.

"드라마 작가라니 멋진데요! 어떻게 행동으로 옮길 생각인가요?"

늘 해보고 싶었어도 꽉 짜인 직장 생활 때문에 엄두가 나지 않았는데 이제는 해볼 수 있지 않을까 싶다며 민 교수는 조금 흥분한 목소리로 자신이 쓰고 싶은 이야기를 들려주었다. 최근에 감명 깊게 읽은 소설이 있는데, 일제 강점기에 항일 민족 운동으로 시작해 사회주의자가 된 세 여자의 일대기를 다룬 이 이야기를 드라마 시나리오로 옮기고 싶다는 거였다.

"우리 세대는 제대로 된 역사를 배우지 못했어요. 우리 시대의 역사는 왜곡되고 뒤죽박죽인 것 같아요. 6·25전쟁 후에 빈민국이었던 우리나라가 이렇게 선진국이 될 수 있었던 저력도, 나라와 민족을 위해 개인의 부와 안락함을 희생한 선조들의 가치 철학과 사상 덕이라는 깨달음이 그 책을 읽으면서 새삼 느껴지더라고요. 모르는 역사를 알게 되면서 눈물을 흘릴 정도로 감동하게 되고 감정이입이 되었어요."

"그 책의 내용을 드라마 시나리오로 쓴다는 게 본인에게는 어떤 의미가 있나요?"

"한마디로 말해서 대중적으로 공감하는 일을 하고 싶다고나 할까요? 그전에는 소수만 관심을 두는 전공 분야의 책을 썼는데, 이제는 많은 사람이 읽고 얘기하고 감동을 나누는, 쉽고 부드러운 작품을 한번 만들어보고 싶어요. 실현될지는 모르겠지만요."

이 정도로 의미와 가치를 분명히 두고 있다면, 그다음은 중간에 주저하거나 멈칫거리는 일이 없도록 구체적인 행동 계획과 타임 스케줄을 짜야 한다. 그녀의 이야기에 몰입하며 경청하던 나는 격려와 부드러운 다그침이 필요한 코치의 자세로 돌아왔다. 코치이는 자신이 하고 싶은 일과 마음가짐을 들려줄 때는 의식이 고양된 상태에서 새로운 계획을 언급하고 의지를 밝히다가도, 코칭 현장을 벗어나면 그 에너지가 빛이 바래는 경우가 많기 때문이다. 나는 결심을 확고히 하고 계획을 정교하게 다듬는 쪽으로 대화를 끌어갔다. 먼저, "실현될지는 모르겠지만요" 하고 망설인 부분에 잠깐 밑줄을 긋고 넘어갈 필요가 있었다.

"그렇게 분명한 가치와 의미가 있는 일인데, 실현될지 모르겠다며 주저하는 건 무슨 이유 때문일까요?"

"30~40대라면 거기에 내 인생을 걸어보겠지요. 지금은 감수성도 예전만 못하고 글솜씨가 뛰어난 것도 아니니까요."

"그런 망설임을 넘어서려면 필요한 게 뭘까요?"

"음…… 한번 해봐야죠, 되든 안 되든. 꼭 성공해야 하는 건 아니니까. 시나리오를 쓰고 극화할 수 있는지 해보는 단계까지는 가봐야 할 것 같아요. 남의 인정과 상관없이 스스로 판단해서 할 수 있다는 자신감이 생기면 될 것 같아요."

코치이가 도전 의지를 밝히고 자신의 미션을 확정 짓는 단계에 이르면 코치인 나는 늘 가슴이 뛴다.

"일단 해본다면 맨 먼저 할 일이 뭘까요?"

"우선 내 생활을 다시 짜봐야죠. 운동하는 시간, 지인들과 여행 다니거나 만나는 시간도 줄여야 하고…… 버릴 게 많네요."

"그걸 버리는 게 큰 대가를 치르는 일인가요?"

"사실 그렇지도 않아요. 버릴 수 있지요. 이것저것 덜 중요한 것들을 쳐내고, 하고 싶은 일에 몰두하는 시간을 갖고 싶기도 해요. 편안함에 젖다 보면 게을러질 뿐이죠. 누가 시키는 일도 아니고 꼭 해야 할 이유도 없으니 절실하지 않고, 그러다 보니 막연히 생각만 하고 실행을 미루고 있었네요."

"그렇다면 타임 스케줄을 구체적으로 짜보도록 할까요? 언제부터 시작할 수 있을까요?"

"사실 이번 봄부터 시작하려고 했는데 놓쳤어요. 남도에서 하는 음악제에도 가고 자전거도 타고 꽃구경도 하는 일정을 다 잡아버렸거든요. 약속은 지켜야 하니까 시간 나는 대로 짬짬이 하다가 4월 이후로는 약속을 잡지 않는 걸로 하면, 6월부터 본격적으로 시작할 수 있을 것 같아요."

일단 시나리오 작업을 일주일에 두 번 아침부터 저녁까지 요일을 정해서 하고, 가을까지는 시퀀스 잡는 것을 마친다는 구체적인 계획이 나왔다.

"무더운 여름에 시원한 실내에서 열심히 한번 해봐야겠습니다!"

"그러면 그 작업 과정을 제가 함께 공유할 수 있을까요?"

"네, 시작한 뒤에 잘하고 있는지 알려드릴게요."

미션이 확정되는 순간이다. 내가 다시 물었다.

"지금 바로 시작해야 할 일이 있다면요?"

"먼저 방 정리부터 해야겠어요. 서재에 필요한 책들을 갖다놓고 공부할 환경을 갖춰야겠습니다."

이쯤 되면 나는 서재를 정리하는 모습을 영상으로 찍어 보내라고 말하고 싶을 만큼 그녀의 미션이 성공하길 바라게 된다.

흥분을 가라앉히면서 나는 그녀가 우리의 코칭 시간을 정리하게 했다.

"이번 코칭에서 받은 느낌을 나누어볼까요?"

"새로운 인생 2막을 선택해서 내가 하고 싶은 일에 집중하고 싶다는 은퇴 당시의 결심을 다시 깨닫게 되었어요. 그래서 막연하던 내용을 구체화하고, 하려는 일의 동기도 분명하게 할 수 있었습니다. 지금부터 어떤 단계를 밟아야 하는지 계획도 나왔고요. 코치가 곁에서 제 이야기를 들어주고 공감해 주고 또 질문도 해주시니 대답을 하면서 내 마음을 더 다잡게 되네요."

사람들은 구체적인 질문에 마주치면 미처 생각지 못하던 대답을 찾아내기도 하고, 알고 있던 답도 더 명료히 하면서 실천할 용기를 내기도 한다. 자기 삶의 주인공으로 살기로 선택하면서 다짐했던 결심을 다시 떠올리게 된 민 교수, 그녀가 앞으로도 의지가 약해질 때마다 이번 코칭에서 재확인한 자기 안의 불꽃을 되살려낼 수 있기를 바란다. 자신의 자유 의지로 살겠다는 강렬한 불꽃을.

불교에서는 모든 존재가 각자의 색과 향기를 지닌 채로 함께 조화를 이루는 화엄의 세계를 꿈꾼다. 자기 삶을 긍정하고 그 삶의 주인공이 되려는 사람은 다른 사람이 바라는 모습에 얽매이지 않고 자신만의 자유 의지로 바라는 삶을 선택하고 누리며 살아간다. 자신의 색과 향기를 맘껏 발산하면서 자기 삶을 시작할 때, 허명에 집착하지 않고 남을 흉내 내지 않는 자유로운 화엄의 세계로 나아갈 수 있지 않을까?

남자가 품격 있게 늙어간다는 것

스스로 등불을 밝히고 디자인하는 삶

인간의 품격은 어떻게 갖춰지는 것일까?

부나 사회적 지위 같은 것이 품격을 갖추는 데 도움은 되겠지만 그게 본질은 아니다. 많이 가지고 크게 성취한 사람들이 보이는 천박함도 있으니 말이다. 자신을 사랑하되 누구도 함부로 대하지 않고 자기의 것을 소중히 하되 타인의 것을 넘보지 않는 사람, 이런 사람은 자존감이 높아 자기를 존중하면서 남의 잣대가 아닌 자신의 가치와 기준을 갖고 살게 되므로 일단 품격이 있다고 볼 수 있다.

60대의 두 남자를 만났다.

한 남자는 1980년대 경제 호황기에 직장 생활을 시작해 1990년대의 IMF 외환 위기를 겪으면서 밥벌이의 표준 궤도에서 떨어져 나온 뒤, 지금은 자기가 할 수 있는 일을 찾아 자신의 의지

대로 삶을 디자인해 가는 남자였다.

또 한 남자는 '홀로 된 삶'의 무게를 그대로 껴안으며 자신이 가진 재능을 나누면서 순하게 늙고 싶어 하는 남자였다.

두 남자는 변해가는 환경에 적응하기 위해 자신을 변화시키되 남의 평판이나 시선을 의식하며 살기보다 자신의 판단과 가치를 존중하며 사는 쪽을 선택했다는 점에서 공통점이 있었다.

부처는 '자등명自燈明 자귀의自歸依'의 삶을 살라고 하였다. "남이 아닌 자신의 등불을 밝혀 자신에게 돌아가 의지하라"는 이 말은 삶의 주인은 자신이라는 사실을 늘 잊지 말라는 뜻이다. 가끔은 외롭지만 의연하게 자기의 길을 걸어가는 이 두 사람이 내게는 '자등명 자귀의'의 길을 가는 것으로 보였다. 이 두 남자의 얘기를 들려주고 싶다.

내가 뭘 원하는가가 중요하다

첫 번째 남자. 나와 동년배로 오랜 지인이기도 한 그는 대중 매체의 사진 기자이며, 한 유명 작가가 쓴 자전거 여행기의 공동 저자로도 알려져 있다. 그런 그가 강남에서 세차장을 운영하며 하루에 몇십 대의 차를 걸레질하기도 했고, 어느 여름엔가는 고향인 인천 앞바다의 한 섬에서 닭을 튀기기도 했다. 그런가

하면 일식 조리사 자격증을 따서 케이터링 서비스를 한다거나 커피를 로스팅하는 작업실을 갖고 있기도 하다.

일에 편견이 없는 사람인 건 알고 있었지만, 사진 기자로 시작해 막노동에 이르기까지 어떤 일이건 전혀 거리낌 없이 도전하면서 자신의 취향과 가치를 잃지 않고 살아가는 그가 존경스럽기도 하고 한편으로 호기심도 일었다. 그런 힘이 어디에서 나오는 걸까 궁금했다. 그래서 문득 그에게 연락해 얘기를 나누고 싶다고 했다.

"무슨 이야기를 하는 건데요?"

"사는 이야기죠. 그냥 제 질문에 대답하면 돼요."

그렇게 그의 인생 이야기가 시작되었다.

"여성지에서 인물, 요리, 패션 등 화보를 찍는 전천후 사진 기자로 오래 일하다가 시사 잡지로 옮겼어요. 그런데 알다시피 IMF 터지고 실직하게 된 거죠. 좀 쉬다 복직할 수도 있었는데 이번 기회에 종목을 바꾸자고 생각했어요. 20년 가까이 매달 마감에 맞추어 사진 찍어대느라 나름 고단했거든요. 일이 끝나면 다른 스타일의 사진을 연구하느라 《내셔널지오그래픽》 같은 잡지를 수십 권씩 뒤적이곤 했지만, 내가 만족하는 사진보다 어쩔 수 없이 내보내야 하는 사진이 많다 보니 스트레스가 컸어요. 매너리즘에 빠진 시간이 길어지니 더 하고 싶지 않더군요. 머리

쓰면서 하는 일 말고, 머리는 쉬게 하고 몸을 움직이고 싶더라고요. 마침 친구가 강남에서 카센터를 차리면서 한쪽에 세차장을 하지 않겠냐고 제안하길래 시작했죠."

여기서 잠시 확인하고 싶은 것이 하나 있었다.

"그래도 말하자면 전문 직업인이었는데, 막노동 같은 거 하려니 망설여지지 않던가요? 사장이라지만 막일도 해야 할 텐데."

"난 직업에 대한 편견 같은 건 없었어요. 지금도 그렇고요. 지위가 높다고 우러러보지도 않고 낮다고 무시하지도 않아요. 건강한 노동을 해서 돈 벌고 싶었는데 잘됐다 싶었죠."

나는 좀 더 자세히 들려달라고 했다.

"몸을 안 쓰다 그런 일 하려니 힘들긴 하더라고요. 기계로 세차하고 손 걸레질로 마무리하는데 그 과정이 진짜 힘들어요. 하루에 수십 대의 차를 닦고 나서 지하철을 타면 손이 덜덜 떨리면서 손잡이가 안 잡혀요. 집에 가면 얘들한테 팔다리 밟으라고 하고 그랬죠.

그래도 할 만했어요. 끝나고 직원 데리고 치킨에 맥주 한 잔 마시는 맛으로 고단함을 달랬죠. 열심히 노동하고 갈증을 달래며 마감하는 단순한 하루가 쾌적하다고나 할까요? 성실하게 하다 보니 단골도 생기고 내 인건비도 챙기고 할 만하더라고요. 한 2년 정도 했는데 손해는 없었어요. 그때 그 친구와 갈등이 생겼는데 상황이 좋았으면 계속했을 거예요. 그 일이 나한테 잘 맞았어요.

그 뒤에도 몸을 써서 일하는 자영업을 여럿 해봤어요. 전통 시장에서 닭튀김 장사를 해보고 나서는 요리에 관심이 더 생겨 일식 조리사 자격증을 땄죠. 책가방 싸서 입시 공부하듯 요리 학원을 열심히 다녔어요. 자격증 따고 작업실에서 실습까지 마친 뒤 지인 상대로 주문식 코스 요리를 시작했죠. 10여 년 했나 봐요. 근데 우리 세대가 온라인에 약하잖아요. 그러니 당연히 영업력이 달리고, 그러다 보니 크게 확장이 안 됐어요. 목돈 들여 가게 할 여력은 안 됐고요.

아무래도 고정으로 돈 들어오는 일이 있어야 했어요. 50대 후반 나이가 되면서 슬슬 노후 걱정도 되고요. 국민연금도 일부 해약해서 노후 자금이 얼마 안 되었거든요. 그래서 친구네 닭 가공 공장에 다닌 거죠. 그 일이 새벽 여섯시에 출근해서 오후 세시면 끝나니까, 오후에는 커피 공부하고 내 취미 활동도 할 수 있어서 좋더라고요. 닭 가공 공장에서 2년 일하고 나니까 한 꺼번에 목돈을 국민연금에 다시 넣을 수 있었죠. 그래서 지금 최소 생계 자금을 연금으로 받는 데 큰 도움이 됐어요."

"몇 번씩 직업을 바꾸는 동안 불안하거나 하지는 않았나요?"

"일하다가 안 하고 있을 땐 불안하죠. 우리가 일을 놓으면 '뭐,

좀 쉬었다 하지'라고 말은 하지만 그게 사실은 쉬는 게 아니죠. 실직 상태가 길어질까 불안하고…… 그런데 여러 번 일을 바꾸다 보니까 어느 순간부터는 불안하지 않더라고요. 뭐든지 할 수 있겠다는 자신감도 생기고. 그래서 이제는 미래가 걱정되지는 않아요."

"그런 자신에 대한 믿음이 강해진 건 단지 일을 여러 번 바꿔 봐서일까요? 아니면 다른 이유가 더 있을까요?"

"세차장 일을 한 경험이 컸던 것 같아요. 그 일을 용기 있게 선택해서 열심히 했다는 게 그 후로 무슨 일이건 나 자신을 인정하고 자존감을 지키는 힘이 되었지 싶어요."

이쯤에서 궁금한 점.

"결혼해서 가족을 꾸렸잖아요? 가족을 부양하는 책임을 혼자서 졌다면 수입이 들쭉날쭉해서 불안했을 텐데, 부인이 안정적인 직장인으로 꾸준히 돈을 번 덕분에 그런 선택이 가능했던 건 아닌가요?"

"집을 살 때까지는 내가 가장이었어요. 40평대 아파트를 내 힘으로 장만했죠. 아내가 일을 계속하지 않았으면 내가 더 치열하게 열심히 뛰어야 했겠죠. 지금도 나는 아내 통장에는 관여 안 해요. 얼마 벌고 얼마 쓰는지도 모르고, 독립채산제죠. 가정을 꾸리는 데 아내가 버팀목이 된 건 사실이에요. 감사하지요."

그의 부인은 교사로 일하다가 몇 년 전에 명예 퇴직했다. 첫 집을 장만하는 데는 그의 힘이 컸고, 그 후 자녀 양육과 생활에 들어가는 비용은 안정된 부인의 수입이 기본이 된 듯했다.

"이제 노년에 들어선다고 했는데 노년 계획은 있나요?"

"여건을 만들어놓아서 크게 불안하지는 않아요. 연금에다 커피 로스팅으로 꾸준히 벌고 인세도 조금씩 들어와요. 기본 생활은 가능하니까 내 능력 이상으로 소비만 하지 않으면 돼요. 적어도 나 자신은 그렇게 감당할 수 있어요. 내가 버는 한도 내에서 쓰고, 없으면 안 쓰고요. 지금도 조금씩 저축하고 있어요."

"부부 사이는 어때요?"

"독립적으로 서로 존중하며 지낸다고 생각해요. 아내도 은퇴 후에는 하고 싶은 일 하며 지내요. 친정에 꽤 지원도 하고 그러는 것 같아요. 나도 어머니와 형님을 내가 돌봐왔어요. 경제적으로 독립채산제인 만큼 각자의 가족도 각자 책임진다는 게 저희 부부의 생각입니다. 그 사람이 나보다는 훨씬 부자일 거예요. 그 사람 지갑 형편은 잘 몰라요."

"그렇게 지내면 두 사람 사이는……"

"큰 불화는 없어요. 일단 둘이니까 좋죠. 요리를 하나 해도 혼자보다 둘이서 먹으면 더 맛있잖아요."

"요리 잘하고 또 그런 일로 돈벌이도 하면, 집에서도 요리를 자주 하시나요?"

"식사 준비는 아내가 주로 하고, 나는 별식이나 하죠. 집안일은 당연히 분담하고요. 청소, 설거지, 빨래 널기 이런 건 기본으로 내가 해요. 그리고 작업실에 나와 있으니까 일단 나는 그 사람을 절대 귀찮게는 안 하죠. 그 사람이 뭘 하든 간섭 안 하고. 그리고 가끔 같이 여행 다니고요."

"자녀들과는 사이가 어때요?"

"애들은 다 독립해서 잘살고 있어요. 애들한테 신세 안 지려고 조금씩이라도 꾸준히 저축하는 거죠. 난 내 노후를 잘 보내면 돼요. 와이프는 와이프대로 잘 보내고. 아프거나 힘들 때 힘이 되어주고 그러면 된 거죠. 따로 또 같이, 이런 게 좋다고 생각해요. 아이들은 자기 생을 잘 꾸려나가면 되고."

"일상은 어떻게 보내나요? 나이 들어서 심심하고 외롭다거나 그렇지는 않은지?"

"따분하거나 외롭지는 않아요. 커피 공부도 계속해야 하고, 음악도 듣고, 지인이 찾아주면 같이 술도 마시고. 가끔 캠핑하러 가고요. 작업실이 있으니 좋아요. 내 공간이 있고, 하고 싶은 일 하고 사는데 심심할 건 없죠."

"노년에 들어선 남자로서 근사한 모습 같네요. 그럴 수 있는 노년의 남자가 많지 않을 것 같은데, 본인의 강점이 뭐라고 생각합니까?"

"특별히 강점이라기보다는 그냥 내가 할 수 있는 일을 찾아서 하는 거지요. 굳이 들자면 허위 의식이 없달까? 남한테 보이는 거, 남이 어떻게 생각하느냐 이런 건 중요하지 않아요. 생각해 보니 그게 내 첫 번째 강점인 거 같네요."

어머니를 집에서 돌보며 임종한 아들의 '노노 부양'

"가장 중요하게 생각하는 가치가 뭔가요?" 그렇게 묻고 나서 "가족 사랑?"이라고 덧붙이자 그가 나를 뚱하게 바라봤다.

"그건 당연하게 깔고 가는 거 아닌가요?"

"그런가요? 그러지 못해 사고 내는 인간이 얼마나 많은데요?"

부부가 서로의 독립을 존중해 주는 생활을 한다고 해서 가족의 애정을 허투루 여기는 건 아니다. 그가 지난해 돌아가신 어머니를 집에서 직접 돌보면서 임종한 이야기를 전해야겠다. 우리 세대의 '노老-노老 부양'을 모범적으로 한 사례가 아닐까 싶어, 그에게 좀 더 자세한 이야기를 부탁했다.

"아버지는 10여 년 전 돌아가시고 어머니는 지난해 돌아가셨어요. 97세인 어머니를 요양원이 아니라 집에서 돌보았죠. 요양원에서 의미 없이 단지 생명만 연장하다가 돌아가시게 하고 싶지는 않았어요. 어머니 말년의 병간호를 내가 전담했죠. 크게 힘들다고 생각은 안 했어요. 예전 사람들은 키우던 개가 언제 죽을지도 알고, 오래 앓던 조부모가 언제 가실지도 대략 알았어요. 집에서 모시다가 여의는 걸 쭉 해오고 또 보기도 하고 그러며 살았으니까. 어머니가 아버지를 집에서 돌보다가 가시게 한 거 보고 나도 할 수 있다고 느꼈어요. 어머니가 하신 방법대로 나도 집에서 돌봐드리자고 생각했죠. 그냥 자연스럽게 그렇게 된 거예요. 어머니 돌아가실 때까지 6개월간 어머니 집에서 기거하면서 어머니를 돌봤어요.

어머니에 대한 의무감도 있었지만, 한 인생이 저무는 모습을 볼 수 있는 기회라는 생각도 있었어요. 사람이 마지막 가는 길을 지켜보는 게 좋았어요. 음식에 대한 추억도 같이 나누고 우리가 함께했던 시간도 떠올려보고 그러면서 잘 보내드린 것 같아요. 엄마가 나에게 해주시던 음식도 해드리고요. 굴 넣은 맑은 뭇국이나 김국 같은 거, 흐물흐물하게 잡숫기 좋게 해드렸죠. 내가 음식을 해드리면 어머니가 '이거 누가 끓였나?' 물으세요. '내가 했지. 먹을 만하셔?' 그러면, '맛있다' 대답하시고. 그럼 내가 다시 '성공했네' 그러죠.

어머니 욕실에 30~40년 전의 무슨 행사 때 받은 수건이 아직도 걸려 있는 그런 모습을 보는 것도 좋았어요. 그런 걸 기록하고 싶어서 사진 찍어놓고 그랬죠. 그래서 가시는 길을 지켜보는 게 힘들고 괴로운 시간만은 아니었죠. 하루에 서너 시간씩 요양보호사 도움을 받기도 하고요. 그런 시간에 나는 내 볼일을 볼 수 있었어요."

그는 자신이 어머니의 임종을 지킨 것을 두고 대단한 효도를 한 것인 양 포장하거나 생색내지 않았다. 그냥 "할 수 있으니 했다"고 했다.

자신도 이제 나이가 들어가는데 어머니의 마지막을 지켜보면서 자신에게도 다가올 죽음이 두렵지는 않았는지 묻자 그가 말했다.

"죽음이 다가올 때까지 정신이 맑고 건강하면 좋겠어요. 누구한테 신세 안 지고 의지 안 하게 되길 바랄 뿐이죠."

지식 기부로 품위 있는 노년을 보내고 싶다

이제 두 번째 남자의 이야기다. 남의 잣대가 아니라 자신의 가치와 기준에 따라 살며, 환경의 변화에 주체적으로 대응할 줄 아는 사람이 품격 있는 사람이라고 한다면, 이 사람 또한 그 범주에 든다. 가정이 해체되고 홀로 노년의 삶을 시작하면서 의연히 자기 길을 만들어가는 모습이 보기 좋은 남자.

공기업 연구원으로 20여 년, 대학 교수로 십수 년을 지낸 뒤 최근 은퇴한 60대 초반의 그는 단정한 모습으로 성실하게, 그리고 정성스럽게 이후의 삶을 준비하고 있었다.

나와 만났을 때 그는 자신이 '보통의 삶'에서 밀려났다는 말부터 꺼냈다.

"가족이 저를 거부했습니다. 나로선 이해할 수 없는 일이었지만 받아들일 수밖에 없었지요. 정년까지 채우지 않고 교수직을 그만둔 것도, 건강 문제도 있었지만 결혼 생활이 끝났다는 자괴감 탓도 컸어요. 가장 가까워야 할 가족이 절 받아들이지 않는데 학생들에게 삶의 지표로 스승 역할을 한다는 게 괴로웠어요. 경제적인 이유로 계속 갈등만 하다가 이제야 그만두기로 결심한 거지요."

"결혼 생활이 성공하지 못했다고 해서 인생이 실패한 건 아니지 않나요? 그것만으로 교수 자격을 따진다는 건 좀…… 뭐, 그런 경우가 흔하니까요."

내 말에 이미 답이 준비되어 있다는 듯 그가 단호하게 답했다.

"남들이 다 괜찮다고 해서 저도 괜찮은 건 아닙니다. 물론 인생 전체의 실패는 아니죠. 그렇다면 더 살 필요도 없겠지요. 단지 스스로 선생 자격이 없다고 생각하면서 정년까지 버티는 건 자신에게도 불행한 일이고 학생과 학교에도 좋지 않다고 생각했어요."

그는 자신에게 엄격했다. 그가 가족에게 어떠했는지는 정확히 알 도리가 없고 내가 그것까지 캘 이유도 없었다. 어쨌든 그는 가정의 '실패'를 받아들이는 한편으로 앞으로의 날들은 자신의 잣대와 가치에 따라 살며 자존감을 유지하고 싶어 했다. 그래서인지 그의 인생 후반기 계획에서는 단정하고 엄격한 느낌이 묻어났다.

"오랫동안 웰다잉을 고민해 왔어요. 생각만 하다가 5~6년 전 아버님이 돌아가신 다음에 바로 실행에 옮겼죠. 시신 기증과 연명 치료 거부 서류에 서명해서 등록하고 유산을 어떻게 정리할지 유서도 써놓았어요. 큰 재산은 아니라도 장학금과 사회 기부를 위해 내놓겠다고 약속하고 법적 조치를 해놓았죠. 웰다잉을 생각하니 웰빙이 더 쉬워졌어요. 남은 시간 뭘 할지, 제가 가진 자산과 시간을 어떻게 쓸지 진지하게 계획을 세우고 하나씩 실천해 갈 생각입니다."

"웰다잉을 생각하니 웰빙이 더 쉬워졌다고 말씀하셨는데, 웰빙이 뭐라고 생각하시나요?"

"저에게 웰빙은 단순해요. 재미있고 보람된 일을 하면서 사는 거지요."

"재미와 보람이라면 어떤 걸 뜻하나요?"

"누군가에게 유익한 일을 하면서 함께 즐거운 시간을 누리는 거죠."

"그렇다면 재미와 보람을 주는 일로 구체적으로 어떤 일을 생각하시는 건가요?"

"오래전부터 제3세계에 가서 봉사하는 코이카 활동을 하고 싶어 준비해 왔어요. 내가 가진 자산이 도시 계획과 도시 부동산에 관한 전문 지식이니까 시청 등 관공서에 가서 공무원을 보조하는 일을 할 수 있어요. 코이카에 전문가 집단으로 등록해 놓았는데 자격 요건이 점점 까다로워지고 있다니까 실현 가능성은 알 수 없네요. 어쨌든 지금도 외국어 공부를 꾸준히 하면서 준비하고 있습니다. 기회가 되면 꼭 나가고 싶어요. 거기서 봉사하다가 생을 끝내도 된다고 생각하고 있습니다."

그는 현재 도심을 답사하는 프로그램을 시범으로 운영하고 있다. 처음에는 강의의 연장으로 학생들과 다니던 답사 프로그램이었는데 이를 학생 대신 일반인으로 바꾸고 그 주제도 다양화한 것이다. 우선은 월 1회 서울의 도심을 답사하고 있는데, 그는 이런 활동을 하는 자신을 '시티 도슨트'라는 신조어로 부른다. 대학의 자산관리학부 교수로 도시 계획을 강의한 그가 도시의 아름다움을 찾아내는 도슨트가 된 것이다.

"도시의 이곳저곳을 다니면서 도시 계획이 어떻게 되어 있고,

사람들이 그곳에서 어떻게 움직이는지, 도시마다 가지고 있는 고유의 역사, 문화, 예술, 건축은 어떠한지 보고 듣고 느끼는 프로그램입니다."

그는 자신의 전공 지식과 답사 경험을 담은 책도 준비하고 있다고 했다.

웰다잉을 준비하면서 웰빙으로

아무리 치밀하게 노년을 설계하며 코이카 준비를 하고 시티도슨트 활동을 한다 해도 어느 순간 자신이 혼자라는 생각이 들면 외로워지거나 다시 누군가를 만나고 싶지 않을까?

"혼자서 살아가는 삶이 불편하거나 외롭지는 않은가요?"

"고독하고 외롭다고 느껴지는 순간도 있지만, 한편으론 단순하고 간결한 생활이기도 해요. 누구와 살아도 외로움은 다 있지 않나요? 뭘 하기로 선택하든 혼자서 결정하고 책임질 수 있으니 아무런 제약도 받지 않고 호기롭게 살 수 있죠. 그리고 남자친구는 물론이고 여자친구도 많아요. 친구들과 공통의 관심사를 갖고 소통하다 보면 외로움을 많이 줄일 수 있죠."

"삼시세끼 챙겨 먹는 걸 힘들어하는 남자를 많이 봤는데, 그런 일상의 문제를 해결하는 건 어떤가요? 혼자서 감당해야 할 일상의 무게 같은 게 버겁게 느껴지진 않나요?"

"남자가 일상의 일을 해결하는 데 약하다는 것도 편견이죠. 저는 특별한 약속이 없으면 세끼를 다 집에서 해 먹어요. 남자도 다 잘해요. 또 혼자 살기 때문에 오히려 깔끔할 수 있고 정리하기도 더 쉬워요. 남자 혼자 사는 집이니 구질구질하겠다고 생각했는지 지인들이 집에 와서 보면 다들 놀라곤 하죠."

그는 남자가 가사 일을 잘하지 못할 거라는 편견만큼이나 여성의 역할에 대한 고정 관념에 대해서도 못마땅해했다.

"남자가 보호해 주기를 바라는 여자가 아직도 많은데 그것도 우스워요. 집안일을 남녀가 분담해야 한다고 주장하려면 여성도 남자에게 의지하지 않고 더 주체적이어야 하지 않을까요?"

그는 혼자서 맞이할 가능성이 큰 죽음에 대해서도 많이 생각한다고 했다. 그런 생각을 '내 자리'라는 제목의 글에 담아 블로그에 올려놓았고, 이 글을 자신이 떠난 후 가족과 지인들이 읽어보기를 원한다. 자신이 무엇을 중요하게 여기고 살아왔는지 알려주고 싶고, 가족에게 부족한 점이 있었다면 어떤 이유로 그러했는지 이해를 바라는 것 같았다.

"나와 비슷한 연배의 지인들에게도, 이 사람은 이런 경우에 이런 생각을 했구나 하고 들려주고 싶어요. 나의 경험을 참조해서 그들도 스스로를 돌아볼 수 있도록 질문을 던지고 싶습니다.

내 뜻대로 될지 확신할 수는 없지만 죽기 전에 유언장과 함께 이 글을 공개하고 싶어요. 나를 제대로 알지 못하고 헤어진 아이들이 아버지를 이해할 수 있기를 바라면서 쓴 글이기도 해요. 그러자면 죽음이 닥쳤을 때 그 과정을 내가 어느 정도는 통제할 수 있기를 바랍니다. 그러면 훌륭한 웰다잉이 될 것 같네요. 저는 살아있는 동안 이웃과 가진 것을 나누면서 함께 시간을 보내고 누구에게도 큰 폐 끼치지 않고 제가 원하는 방식에 가깝게 죽는 것이 웰다잉이라고 생각합니다."

"죽음의 과정을 통제하기를 원한다고 하셨는데 죽음의 방식이 어떠하기를 바라는 것인지 말씀해 주실 수 있나요?"

"죽음이 올 때까지 내 몸을 움직일 수 있고 의식도 있어서 마지막 순간을 알면서 끝내는 거지요. 구체적으로 말하자면 치매나 뇌혈관 질환에 걸리지 않고, 가능한 한 짧은 시간 동안 앓다가 가기를 바랍니다. 그렇지만 언제 어떻게 죽음이 찾아올지 모르는 일이죠. 일어날 수 있는 가능한 경우를 상상하고 대비할 뿐입니다. 그 대비 중에서 건강 관리가 가장 중요한데 꾸준히 운동하면서 정신 건강도 챙기고 있어요. 요즘은 공원에서 맨발로 걷기를 하고 있는데 땅바닥의 좋은 기운을 받는 느낌이 들어 좋더군요."

"다시 인연을 맺을 생각은 없으신가요?"

"재혼 같은 거요? 절대로 없습니다. 한 번 해봤으면 충분합니다. 또 누구와 깊은 관계를 맺겠습니까? 법으로 한 식구라는 울타리를 치며 인연을 맺는 일은 다시 하고 싶지 않아요."

사는 동안 어디서 어떤 예기치 못한 바람이 불어닥쳐 인생의 행로가 바뀔지 알 수 없다. 단지 우리는 어떤 인생의 굴곡을 마주치더라도 남의 시선이나 의견이 아니라 자신의 기준과 잣대를 가지고 그 굴곡들을 헤쳐 나갈 뿐이다. 이렇게 '자기 앞에 주어진 생'을 의연히 살아가는 것, 스스로 자신의 등불을 밝혀 흔들리지 않고 살아가는 '자등명 자귀의'의 삶, 그게 바로 품격 있는 삶이 아닐까?

아내가 아닌 나로 살기로 선언한 50대 여성

안락함 대신 자존을 선택하다

우리 인생에서 부유함의 가치는 어느 정도일까?

돈만 있으면 인생의 고통을 피하고 안락을 마음껏 누릴 수 있다는 극단의 물질 만능주의가 오른편에 있고, 왼쪽으로는 부를 축적하고 소비하는 일은 생존의 필요조건이며 더욱 고결한 가치를 지향해야 한다는 정신 제일주의가 있다면, 지금 시대는 이미 오른쪽으로 한참 치우쳐 있다고 봐야 할 것 같다.

내가, 혹은 이 글을 읽는 당신이 어느 좌표에 있건 요즘의 세상 형편을 비판하거나 옹호할 필요는 없을 것이다. 뭐라고 한들 도도하게 혹은 치열하게 흘러가는 물결의 흐름은 쉽게 바뀌지 않을 테니 말이다. 다만 개인으로서 그 흐름에 어떤 자세와 속도로 올라탈 것인지는 선택해야 한다. 앞서 달릴 건지 뒤쫓아 갈 건지 거슬러 흐를 것인지.

대단하고 확고한 철학이 있어서만은 아니다. 그러려니 하고 무조건 따르거나 따라가기가 벅차 대안 없이 저항하려 한다면, 그 물결의 모질고 거친 파고에 몸과 마음이 너덜너덜해져 자신이 누구인지 어디로 흐르는지도 모른 채 종착점에 닿고…… 그러면 뭐 끝이 아니겠는가?

그 물결의 한쪽 끄트머리에서 흔들렸던 한 여성의 이야기를 따라가 보면 작은 지혜를 얻을 수 있을 것 같다.

마흔 넘어 공부를 다시 시작해, 상담심리학 박사 과정에 있으면서 비정규직 상담사로 일하고 있는 50대 중반의 난희. 대기업 중간 관리자인 남편은 주식과 부동산 투자로 월급보다 더 많은 수익을 올려 아내가 필요한 만큼의 생활비와 학비를 대준다. 돈 걱정 없는 그녀는 해외 여행을 자주 하고 대형 승용차를 끌고 다닌다. 외동인 딸아이는 일찍 호주로 유학 보내 현재 대학 재학 중으로, 그녀는 1년에 몇 개월은 딸아이가 있는 호주에 머물다 온다. 경제 수준으로 따지자면 상위 몇 프로에 속하는 '호강하는 팔자'라고 할 수 있다.

공부하며 품위 있게 즐기는 인생으로, 고민이 없을 것 같은 그녀의 코칭 이슈는 뜻밖에도 '남편으로부터 독립하기'였다. 독립은 말 그대로 풀면 '홀로서기'이다.

낮은 톤으로, 마치 망설이다 말하는 듯한 그녀의 말투는 자기

주장이 세지 않고 나서기 꺼리는 조용한 여성의 이미지로 다가왔다. 독립이라는 말을 꺼낼 때도 그녀는 마음을 크게 먹어야만 할 수 있는 말인 듯 조심스러워했다. 그 화두를 꺼내는 놓았지만 바로 덤벼들기엔 망설여진다는 듯 숨을 고르는 난희의 모습에 나는 남편의 이야기를 편안하게 많이 풀어놓을 수 있도록 부부 이야기부터 시작하게 했다. 배우자에게서 압박을 많이 느끼는 코치이는 어떤 주제를 들고 오더라도 부부 문제에서 시작하는 경우가 많다.

"남편 분과는 어떻게 만난 사이인가요? 남편이 어떤 분이신지, 또 부부의 일상은 어떤지 그 이야기를 먼저 들려주실 수 있을까요?"

고교 동창인 남편과는 10년 넘게 사귀다가 군 복무를 마칠 때를 기다려 결혼했다. 공부도 잘하고 운동도 잘해 친구 사이에서 인기가 많았던 남편이 자신에게 사귀자고 말했을 때 그녀는 마치 간택당한 느낌이었다.

"이쁘고 적극적인 여자애들 말고 특별히 돋보이는 거 없는 나를 '찍었을' 때 기쁘다기보다 왠지 마음이 철렁했어요. 그냥 받아들여야 할 것 같은 생각이 들었고요. 싫지도 좋지도 않았는데, 나를 뽑아준 그 남자에게 잘해야겠다는 그런 마음이었던 것 같아요. 지금 생각하면 모자랐던 거지요."

그녀는 모자란다는 표현을 아무렇지 않게 뱉어냈지만, 그 말을 한 뒤 잠시 침묵했다.

대학 진학을 할 때도 남자친구의 의견을 들을 정도로 그녀는 그에게 많이 기대고 그의 말을 따랐다.

"대학 가서도 다른 남자를 만나볼 엄두를 내지 못했어요. 그냥 오래 사귀면 결혼해야 한다고 여겼어요. 남편이 워낙 적극적이고 사교성이 좋아서 부모님도 좋아하셨거든요."

유치원 교사로 일하던 그녀는 남편이 직장을 얻은 후 결혼과 함께 전업주부가 되었다. 남편은 재테크 수완이 좋아 마흔도 되기 전에 서울 강남에 아파트를 살 수 있었다. 남편의 수입은 점점 늘어났고, 지금 그녀는 남편 재산이 얼마인지 부동산이 얼마나 되는지 정확히 모른다.

"가진 돈이 많아지면서 남편이 차츰 변해갔어요. 학생 때는 총명하고 사회 정의에도 관심 있고 빈민촌 봉사도 같이했습니다. 여행이나 문화 생활을 즐길 줄도 알았죠. 40대까지는 직장 생활에, 돈 버느라 바빠서 그런가 보다 했어요. 그런데 지금도 거의 매일 술자리를 하고 주말이면 사교 골프를 치러 나가느라 집에 있는 시간이 거의 없습니다. 이제는 벌 만큼 벌어 평생 쓰고도 남을 정도인데 돈 버는 일을 멈추지 않아요."

안락함과 존엄을 맞바꾸다

그녀의 이야기에서는 남편이 주인공이고 정작 그녀 자신은 보이지 않는다는 느낌을 받았다. 두 사람 사이가 좋든 그렇지 못하든 어떤 교감이 오가는지 나는 궁금했다. 보통 남편에게 불만이 많은 여자는 본인도 모르게 남편을 비난하거나 무시하는 표현을 많이 한다. 그런데 그녀는 남편을 말할 때도 마치 거리가 있는 사람인 듯 객관화해서 말하고 자신의 감정은 드러내지 않았다.

"두 분 사이는 어땠나요? 주로 어떤 이야기를 나누고, 난희 씨의 말에 남편은 어떤 반응을 보여왔나요?"

그녀는 집안 경조사나 돈 문제 외에는 남편과 대화를 나눈 기억이 흐릿하다고 답했다.

"30대까지는 그래도 세상 돌아가는 이야기도 하고 사업 이야기도 나누곤 했는데, 말이 통하지 않다 보니 점점 대화가 없어졌어요. 어쩌다 시국 이야기나 언론에 나온 사건 이야기라도 할라치면 변해버린 남편에게 질리고 말아요. 언젠가 젊은 비정규직 노동자가 열악한 업무 현장에서 과로사했다는 뉴스를 보며 한마디 했더니 남편이 버럭하더군요. 그따위 가벼운 동정심 따위는 아무 도움이 안 된다며, 단순한 사고를 두고 노동자 처우가 어떻다느니 하며 확대하지 말라고 소리를 지르더라구요. 힘든 노동자의 죽음을 그리 가볍게 말하다니 비감한 마음이 들었습니다.”

남편은 돈을 많이 가져다주는 것으로 책임을 다했다는 듯 무심했고, 딸아이 교육이나 집안일에 문제가 생기면 모든 책임을 아내에게 떠넘겼다. 그녀가 반발하거나 따져볼 요량이라도 하면 폭언을 내뱉으며 강압적인 태도를 보였다.

“점점 부부가 아니라 월급 주는 사장과 일꾼 같다는 느낌이 들어요. 제 생각이나 의견을 전혀 존중하지 않습니다.”

그녀는 남편과의 건조한 생활을 이야기하는 것으로 남편에 대한 불만족을 표시했다.

남편이 주도하고 아내는 따르는 관계, 기본적으로 파트너를 존중하지 않는 권력 관계가 되어버린 부부 사이였다. 난희는 자신을 대하는 남편의 태도에서 생긴 불만과 고통은 얘기하면서도 뭐가 문제인지 핵심은 정면으로 마주하지 않고 있었다.

“남편이 아내를 존중하지 않는 그런 관계가 언제부터 시작되었고 왜 그렇게 되었다고 생각하세요?”

“사실 신혼 때부터 집안의 모든 결정은 남편이 했어요. 저는 그게 당연하다고 받아들였고요. 돌이켜보면 연애 시절부터 이미 그런 관계가 이루어진 듯해요. 직업을 정할 때도 아이를 잘 키우는 데 도움이 될 거라며 남편이 유치원 교사를 권했어요. 그 말대로 유치원 교사가 됐고, 결혼하면서는 직장을 그만두라고 해서 그만뒀고요.”

나는 그녀가 '생각의 헬리콥터'를 타고 위로 올라가 아래를 내려다볼 수 있도록 질문을 던졌다. 높은 위치에서 바라보면 자신의 인생에서 무엇을 챙기지 못하고 지나쳤는지 자신도 미처 알지 못했던 숨은 이야기들을 건져 올릴 수 있게 된다.

“결혼 생활에서 어떤 것들을 기대했었나요?”

그녀는 눈을 깜빡이며 조용히 생각하다가 말했다.

“생각해 보면 결혼해서 내 인생을 어떻게 꾸릴지 미래에 대한 설계가 없었어요. 결혼을, 적령기가 되고 좋은 남자가 있으면 짝을 지어 부모님으로부터 독립하는 인생 순서의 하나라고 여겼어요. 아버님이 엄하게 키우셨어요. 여자는 부모에게 순종하고 결혼하면 남편 말을 잘 따르며 살아야 행복하다고 가르치셨죠. 어머니도 아버님에게 순종하는 관계였어요. 큰 어려움 없이 자랐고, 남편을 처음 만났을 때 그가 너무 잘해주니까 새로운 보호자를 만난 기분이었고요. 지금까지 살아왔듯이 잘하고 살면 된다고 생각했습니다.”

새로운 보호자라니, 아버지에게서 남편으로 보호소를 이동한 것인가? 자신을 보호자가 필요한 존재로 여기며 살아온 것 같아

안타까웠다.

"그렇다면 독립을 생각하기가 쉽지 않았을 텐데 언제부터 그런 바람을 가졌나요?"

"처음부터 독립을 원한 건 아닙니다. 여러 번 남편에게 하소연했는데 그 사람의 강압적인 태도가 별로 변하지 않았어요."

결정적으로 그녀가 자신의 미래를 진지하게 고민하게 된 건 남편의 외도를 의심하면서부터라고 했다. 3~4년 전부터 남편은 일이 많아 집중해야 한다며 회사 앞에 오피스텔을 얻어 그곳에 머무는 날이 많았다. 처음에는 일주일에 두세 번 집에 들르더니 이제는 한 달에 서너 번으로 뜸해졌다. 여러 정황으로 다른 여자를 가까이한다는 생각이 들었지만 구태여 확인하지는 않았다. 사실을 알게 되었다고 해도 어떻게 할지 막막했고, 거칠고 독선적인 남편과 맞서는 게 무섭기도 했다.

그녀는 남편의 등만 바라보며 늙어가는 게 서글퍼서 다시 상담심리학 공부를 시작했다. 원래 관심 있던 분야여서 공부는 재미있었고, 박사 학위 과정까지 끝내 논문 통과만 앞두고 있었다.

"막상 공부가 끝나가니 진지하게 앞날을 고민하게 되더군요. 심리학을 공부하면서 남편과의 부부 관계를 깊이 성찰할 수 있었습니다. 남편은 좀처럼 달라지지 않을 것 같고, 아내인 제가 변화를 시작해야 한다는 결론을 얻었어요. 따로 살든지, 함께 살더라도 존중받으려면 우선 남편에게 의존하는 위치에서 벗어나야겠다고 마음먹었습니다."

"큰 용기를 내신 거네요. 지금 남편을 떠난다는 건 난희 씨에게는 모험으로 보이는데요."

"네, 많이 망설였고 고민했어요. 사실 겁이 많이 나요. 누군가 잘한 결정이라고 응원해 주고 지지해 주면 좋겠어요."

코치인 나는 이럴 때 존재감을 느낀다.

"난희 씨가 고민 끝에 내린 결정이라면 옳은 겁니다. 잘하실 수 있을 거예요. 그럼 '남편으로부터의 독립'을 이슈로 대화를 다시 나눠볼까요?"

남편에게서 독립한다는 이슈로 난희와 나눈 코칭 대화는 이랬다.

"남편으로부터의 독립은 구체적으로 뭘 말하는 것인가요?"

"정서적으로나 경제적으로 남편의 지원이 없어도 혼자 꿋꿋하게 살아가는 것입니다."

"남편의 지원이 없을 때 가장 염려되는 게 뭔가요?"

"홀로 늙어간다 생각하니 처음에는 모든 것이 두려웠어요. 외롭고 가난한 독거 중년이 되는 거잖아요? 그런데 하나씩 따져보니 지금도 거의 혼자 지내요. 결국 돈 문제더군요. 경제력만 해결되면 용기를 내볼 수 있지 않을까 싶어요."

"독립하려면 어느 정도의 경제력이 필요한지 설계해 보셨나요?"

"사실 지금보다 궁핍해진 생활을 감수할 수 있을지 자신이 없어요. 아직 어느 정도의 생활 수준을 기준으로 해야 할지 모르겠습니다."

그녀가 박사 학위를 딴다고 해도 고용이 안정된 직업을 가질 확률은 높지 않다. 운이 좋아 그런 일자리가 생긴다고 해도 은퇴 시점이 10여 년도 남지 않은 나이였다.

나는 그녀가 지금 어떤 가치를 더 우선순위에 두는지 물었다.

"경제적인 안락함과 스스로에 대한 존중 가운데 뭐가 더 중요한가요?"

"최근 들어 나에 대한 존중이 더 중요해진 것 같아요. 그래서 떠날 용기도 낸 거고요."

"결국 남편의 고압적이고 불성실한 태도를 참으며 유복함을 누리느냐, 안락함을 포기하고 자존감을 지키며 사느냐 중에서 선택해야 하는 거라고 할 수 있을까요?"

"…… 그렇군요. 안락함과 나의 존엄을 맞바꾸고 있었네요. 맞아요, 지금은 굴욕을 참고 있는 거예요."

그녀는 자신이 남편에게 받아온 대우를 '굴욕'이라는 말로 처음으로 정확하게 표현했다.

"남편과의 생활에서 굴욕감을 견딘다고 하셨는데, 중요하게 여기는 삶의 가치는 무엇이었나요?"

"주어진 일을 열심히 하고 인정받으려 노력하며 살았어요. 말썽 안 피우고 공부 잘하고 부모님이 시키는 일 잘해 내니까 착하고 똑똑하다고들 했고, 저도 그런 줄 알았습니다. 결혼 전에는 스스로 반듯하고 공부 잘하는 자존감 높은 여성이라고 생각했고, 그게 제 삶의 가치라고 여겼어요. 아버지가 엄하게는 하셨어도 가족에게 자상했고, 저를 무시하거나 함부로 대하지는 않았습니다. 남편도 제게 그렇게 대할 줄 알았고요."

"결혼 후에 상황이 어떻게 달라졌나요?"

"시간이 갈수록 저 자신을 억눌러야만 하는 부부 관계가 되었어요. 여자가 남자의 말을 존중하고 따르는 게 이리 참담한 기분을 안겨줄 줄은 몰랐습니다. 사랑하면 서로 위하고 양보하면서 뜻을 맞추어갈 줄 알았어요. 내가 선택한 사람이니까, 그리고 가정을 유지하는 게 우선이라 생각해서 견디고 있다고 생각했는데, 남편이 돈을 많이 벌고 그 부유함을 누릴수록 저도 모르게 위축되고 있다는 사실을 최근에 깨달았습니다. 남편에게 빚진 마음이라고나 할까요?"

"빚진 마음이라니…… 남편의 부유함을 함께 누리는 것이 난희 씨가 중요한 가치로 여겨온 자존감을 해치는 일인가요?"

"네, 맞아요. 그 유복함을 당당하게 제 것으로 갖지 못했어요. 나의 뭔가를 내놓아야 한다고 생각했나 봐요. 남편이 그런 태도로 저를 대하기도 했고요. 남편이 저를 존중하지 않는 게 그 부유함을 내가 공짜로 누리는 대가가 아닐까 하는 생각까지 하게 됩니다."

난희는 궁핍해지더라도 그것을 견디어야 할 이유를 찾았다며 어떤 형태로든 변화를 시도하겠다고 했다.

"저의 자존감을 망가뜨리는 대가가 유복함이라면 궁핍해지더라도 홀로서기에 도전해 보고 싶어요."

의존하지 않고 꾸려나가는 삶

5개월 뒤 난희와의 리마인드 코칭이 있었다. 그동안 그녀는 집을 나와 남편과 별거를 시작했다. 서울 외곽 단독 주택의 2층을 빌려 산 지 석 달째라고 했다.

나는 사실 그녀가 다시 찾아오기 전까지 '정말 남편을 떠나 집을 나올 수 있을지' 그 결심을 온전히 믿지는 못하고 있었다. 그녀의 살아온 이력과 보이는 이미지를 가지고 판단한 편견이었다.

나는 그런 생각을 말하며 그녀에게 감탄의 마음을 전했다.

"대단하시네요. 지지하고 응원하는 마음이었지만 실제로 해내실 줄은 몰랐습니다."

"이대로 살 수는 없고 1년만 나가서 살아보고 그 이후에 어떻게 할지 생각해 보겠다고 했어요. 남편은 무덤덤하게 맘대로 하라고 하더군요. 나는 1년 치 월세는 달라고 했습니다. 그 정도 권리는 있으니까요. 지금 백만 원이 조금 넘는 수입으로 생활을 꾸려가고 있어요. 남편과 살 때랑 비교하면 엄청난 격차가 있는 검소한 생활을 하는 셈이죠."

그녀는 철저하게 예산을 짜서 거기에 맞춰 생활한다고 했다. 일주일치 식단을 짜서 마트에서 장을 보고, 냉장고가 빌 때까지 있는 찬으로만 밥상을 차린다. 책은 도서관에서 빌려 보고, 영화나 공연은 대폭 할인되는 기회가 생길 때까지 기다린다. 피트니스 클럽에서 하던 운동 대신 저녁마다 강변과 공원을 몇 시간씩 걷는다.

"처음엔 서러운 마음에 울면서 걷기도 했어요. 이 나이에 뭔 짓인가 하고요. 근데 생활비 벌기도 바쁘다 보니 서러울 시간도 없어지더라고요."

그녀는 상담 일을 하는 외에 주말에만 나가는 판매직 아르바이트를 하고, 새벽에 일어나서는 주인집 정원을 돌봤다.

"이 돈으로 한 달을 살 수 있다는 게 너무 신기하고 저 자신에게 뿌듯한 느낌이 들어요."

그녀는 무엇보다 남편을 떠나 있어도 이제는 두렵지 않다는 게 이후의 삶에 큰 용기를 준다고 했다.

"막상 이렇게 살아보니 왠지 그냥 든든해진 면이 있어요. 무슨 일이 생겨도 지금처럼 살면 헤쳐 나갈 수 있지 않을까 생각도 되고, 더 힘들어지면 하루 세끼를 두 끼로 줄이면 되지 싶고요. 일주일에 한 번 절에 가서 울력하는데, 안 되면 절에 가서 공양 보살이라도 하면 되겠다 싶더라고요. 제가 음식 솜씨 좋다는 소리는 좀 듣거든요."

그녀는 지금이 유예된 시간이라는 것을 안다고 했다. 하지만 그 시간 동안 용기를 내어 시도를 해보았다는 것, 무엇보다 자신의 선택으로 바뀐 경제 상황에 기죽지 않고 그 규모에 맞는 삶을 적극적으로 꾸려봤다는 것, 그 안에서 자유와 든든함을 맛보았다는 것이 큰 변화라고 했다. 만일 그녀가 해보지 않고 그 상황에 적응하려고만 했다면 그 모습 그대로 늙어가면서 자신을 가여워하고 한심해했을지도 모른다.

지금 그녀는 남편에게서 독립하기 전의 그녀와 확실히 다르다. 남편에게 의존하지 않고 스스로 삶을 꾸려나갈 수 있는 자신감을 얻었다. 이전과는 다르다는 것, 변화를 실천해 보았다는 게 자신을 지키고 성숙하게 만드는 힘이 되었다.

돈이 많으면 아무래도 선택의 폭이 넓어지고 자유로울 수 있다. 난희가 경제 활동을 꾸준히 해왔다면 남편과의 관계를 정리하기도 쉬웠을지 모른다. 그녀는 혼자서는 경제력이 부족해 남편을 견디며 사는 부자유를 감수하고 있었다.

이럴 때 관점을 바꿔보자. 가진 게 많지 않을 때는 경제적 능력이 주는 자유와는 또 다른 의미의 자유를 가질 수 있다. 물질의 풍족함이 주는 안락에 익숙해지면 다른 인생의 가치를 찾는 일에 게을러진다. 또 손쉽게 즐거움을 누리는 생활에 익숙해지면서, 인간에 대해 연민을 갖고 이웃의 불행에 눈 돌리는 배려의 마음을 잃게 된다. 어느 시인은 "가난해서 나는, 왜 사는지 하는 인생 실존에 대해 사색할 수 있었다"고 했다. 노력해서 어렵게 얻어낸 삶의 여러 가치가 얼마나 소중한지 알게 될 때 우리는 물질의 풍요에 마구 흔들리지 않는 단단한 자유를 갖게 되지 않을까?

하고 싶은 일을 할 수 있는 자유만큼이나 하고 싶지 않은 일을 하지 않을 자유도 소중하다. 그 선택에 따라오는 대가가 경제적 부족함이라 할지라도 자신의 자존을 세우는 일이 우선 가치라고 여긴다면 그 대가는 기꺼이 감수해야 한다고 그녀는 생각한다. 그녀가 검소한 생활에 익숙해지면 궁핍을 견디기 힘들 것 같은 미래의 두려움도 작아질 것이다.

난희는 다시 남편이 있는 집으로 돌아갈지도 모른다. 남편의 도움 없이 혼자 꾸려나가는 생활을 잠시 체험해 보고 마치 고단한 여행을 접듯이 거둬버릴 수도 있다. 하지만 만족하지 못하던 삶을 자신의 의지에 따라 바꾸어보고 혼자서 어느 정도까지의 삶을 감당해 낼 수 있는지 알게 된 경험은 소중하다. 다른 길을 가본 뒤 원래의 자리로 돌아와 걷는 것은, 아예 가보지도 않은 채 계속 꿈만 꾸는 것과는 큰 차이가 있을 테니까.

마음의 나침반 찾는 그룹 코칭

자비로 시작하는 노년의 삶

지금껏 어떤 삶을 살아왔든 이제는 어쩔 수 없이 내려가는 길이라고 수긍하고 받아들일 수밖에 없는 나이가 예순 고개가 아닐까? 50대 중반까지만 해도 지하철의 어두운 창에 비친 쇠락한 얼굴을 보고 '헉!' 하고 숨이 멎는다든지, 일을 많이 하거나 과격한 운동이라도 하고 나면 컨디션이 예전 같지 않다고 느끼는 정도라면, 60대가 되면 신체와 정신 모두에서 노화가 본격으로 오고 있다는 신호가 확연해진다.

우리는 노화가 해마다 일정한 비율로 조금씩 진행된다고 느끼는 게 아니다. 남들은 다 눈치 챘을지도 모르겠지만 본인에게는 느닷없이 무슨 재난처럼 훅하고 닥치는 느낌이다. 거울을 보며 아직은 괜찮다고 뻗댈 수 없는 순간이, 결국에는 오고 만다.

"몸과 마음이 예전 같지 않아요. 동작도 생각도 굼뜨게 됩니다. 그다지 기쁠 일도 슬플 일도 없고요. 그러면 편안해져야 하는데, 그렇지 않고 무기력해진다고나 할까요? 공원 벤치에 앉아서 지나가는 젊은이를 보며 '저때가 좋지' 생각하다가, 벌써 뒷방 노인네 같은 마음가짐이 된 자신이 한심하고 그러네요."(63세 여성, 미용실을 경영하다가 4년 전 은퇴)

"공연히 환갑 잔치를 하는 게 아니더군요. 예순이 되니 새로운 각오가 필요해요. 아이들이 제 둥지를 찾아가고 나니 처음엔 홀가분하던 마음이 차차 공허해지면서 '이제 뭘 하며 사나?' 이런 생각이 들어요. 주변에선 제2의 인생을 시작하라고 하는데, 그냥 막연하기만 하고 뭐부터 해야 할지 모르겠어요."(61세, 40세부터 전업주부)

"정년까지 일했습니다. 연금 나오는 저보고 친구들은 복이 많다고 하지요. 경제적으로야 그런데, 바쁘게 살다가 이제 시간이 남아도니까 하루가 너무 길어요. 여행도 한두 번이고 친구들 만남도 하루 이틀이죠. 이렇게 늙어가야 하는 건가요?"(63세 남성, 1년 전 은퇴한 전직 교사)

"외기러기라 나이가 들수록 서럽네요. 일일이 아이들에게 터놓을 수도 없고요. 남편 가고 아이들 뒷바라지 마치느라 정신없이 살다가 일 놓은 지 2년째예요. 그 시간을 보상하듯 열심히 놀러 다니며 살았는데 이제 그것도 지칩니다. 혼자 생활에 익숙해지고 하루하루를 평온한 마음으로 살았으면 싶어요."(64세 여성, 7년 전 남편과 사별)

"음식점을 30년 넘게 경영했어요. 장사할 때는 그저 쉬는 것이 소원이더니 6개월도 지나지 않아 좀이 쑤셔서 못 살겠어요. 아침에 눈을 뜨면 오늘은 뭘 하나 그 생각부터 들어요. 아직은 그냥 쉬면 안 되겠어요. 돈 버는 일은 아니더라도 몰두할 수 있는 무언가를 찾고 싶어요."(65세 남성, 자영업에서 은퇴)

"내년이면 은퇴입니다. 연금과 저축으로 경제 생활은 큰 걱정 없어도 아직 길게 남은 생을 어떻게 바라봐야 할지 준비하고 싶네요. 다른 일이나 취미를 찾기 전에 새로운 출발선에서 노년을 어떻게 바라볼지 나름의 철학을 갖고 싶다고나 할까요?"(64세 남성, 대기업 임원)

60대들의 자기 고백이다. 다들 살아온 내력은 달라도 예순을 넘기고 노년을 준비하면서 새로운 인생의 의미를 찾고 싶은 건 마찬가지다. 길게 잡아도 예순을 지나면서 생업이든 부모의 자리든 졸업하게 된다. 먹고사느라 바빴으니 이즈음이면 여유 있게 지내야지 했는데, 아무런 준비 없이 그 시기를 맞으면 맞물려 잘 돌아가던 삶의 톱니바퀴가 갑자기 멈춘 듯한 기분이 든다. 일상은 따분해지고 사회에서는 소외감을 느낀다. 갑자기 몸이 아프다거나 우울하다고 하소연하기도 한다.

많이 들어본, 뻔한 얘기 같은가? '사는 게 그렇지 뭐. 아프지 않고 먹고사는 고민 없으면 되는 거지'라는 반응을 보인다면 어쩌면 당신도 심심하고 허무한 노년으로 갈 확률이 높다. 거창하게까지는 아니어도 오늘 하루를 충실하게 살고 충만한 느낌으로 하루를 마치는 소박한 삶이야말로 60대에겐 은총이며 자비이다.

빛나는 미래를 위해 과거를 돌아보기

나이 듦에 따라 자신의 역할에 큰 변화가 올 때 그 변화에서 새로운 의미를 찾고 또 바뀐 환경에 맞는 일상을 계획해 노년에 연착륙할 수 있도록 준비하는 것이 시니어 코칭의 주된 목적이다. 화사한 초여름 공원길 옆 카페에 시니어 코칭을 하기 위해

60대 여섯 명이 모였다. 처음에는 사사로운 정담으로 시작해 점차 진지한 코칭 대화로 이어졌다.

이날 그룹 코칭의 이슈는 '마음의 나침반 찾기'였다. 하나의 목표만을 바라보며 바삐 걸어온 이들이 그 길이 끝나 새로운 길 앞에 섰을 때 무엇에 의지해 어디를 바라볼 것인지 자기 안을 들여다보고 계획을 세우고 결의를 다지는 코칭 토크이다.

먼저 과거를 돌아보며 자신이 걸어온 길을 되돌아보는 시간 여행을 하는 것으로 코칭 토크는 시작한다. 추억의 책장을 자꾸만 뒤지면서 회한에 젖는다면 자칫 감상에 빠질 수 있겠지만, 현재 어디에 서 있는지 좌표를 알고 싶을 때, 어떤 미래를 원하는지 마음을 살피고 싶을 때 과거를 돌아보는 일은 매우 유용하다. 이를 위해 두 사람씩 짝을 지어 생애 최고의 순간을 상호 인터뷰하고 느낌을 나눈다.

상호 인터뷰의 주제는 '인생 최고의 순간'이다.

"지금까지 인생에서 경험했던 최고의 순간을 돌이켜보겠습니다. 자신이 가장 몰입했던, 살아있다는 느낌을 강하게 받았던 순간을 얘기해 주세요."

파트너가 된 두 사람은 서로에게 다음과 같은 질문을 해본다.

1. 그때는 언제였고, 어떤 상황이었나요?

2. 그 순간이 있기까지 어떤 노력이 있었고, 어려움이 있었다면 어떻게 극복했나요?

3. 그 순간이 인생의 절정이었던 이유는 무엇이라고 생각하나요?

아래는 여섯 명의 그룹 코칭 참여자들이 들려준 대답이다.

"여러 장사를 하다 실패하고 미용 기술을 배웠죠. 보조부터 시작해 정말 힘들었는데, 10년 고생 끝에 내 미용실을 가졌을 때가 제일 좋았어요. 경영의 고비도 여러 번 있었지만, 여러 번 실패한 끝이라 더는 물러설 데가 없다는 절실함으로 버틸 수 있었어요. 한 자리에서 10년이 넘어가니 웬만해선 무너지지 않더라고요. 20년이 지났고, 딸아이도 미용 공부를 해 제 미용실을 물려받았어요. 딸아이가 다시 개업할 때가 인생의 황금기였네요. 정말 뿌듯했죠."

"첫아이를 낳은 순간이요, 아기가 뱃속에서 쑥 빠져나오던 순간의 강렬한 신비감이 아직도 생생합니다. 울음을 터뜨린 아기를 내 배 위에 올려놓았을 때 너무 벅차서 나도 같이 울기만 했어요. 결혼 후 5년이 지나도록 임신이 안 돼 온갖 노력을 다했거든요. 그때처럼 절실하게 기도한 적이 없었던 것 같아요."

"학교를 그만두던 날 졸업한 제자들이 찾아왔는데 눈물 날 정
도로 기뻤습니다, 선생 노릇을 못하지는 않았구나 싶었어요. 곧
실직한다는 데서 오는 우울감을 많이 위로해 주었죠. 입시 경쟁
은 날로 치열해지고 애들이 교사를 대하는 태도도 예전 같지 않
아 50대 이후에는 정말 힘들었어요. 방학이 끝나갈 때면 그만두
고 싶다는 생각이 굴뚝같았죠. 제자들 방문이 그런 마음을 많이
위로해 주었습니다. 버티고 있길 잘했다고 생각했죠."

"처음으로 내 집을 장만했을 때가 기억납니다. 남편과 나도
특별히 기댈 곳 없는 신세였어요. 지방에서 셋방부터 시작해 아
이들 공부시키겠다고 서울 올라와 안 해본 일이 없었습니다. 쉰
이 다 되어서 겨우 작은 아파트를 분양받는데, 지긋지긋한 이
사를 안 다녀도 되어 너무 기뻤죠. 둘이서 5년씩 쪼개 목표를 세
우고 정말 열심히 살았어요."

"식당을 몇 번 옮겨 다닌 끝에 신도시에서 토속 음식점을 개
업해서 매일 장사가 불타나던 그 시절이 제일 좋았어요. 새벽마
다 오늘은 어떤 재료로 새로운 메뉴를 만들어볼까 연구하고 수

십 번 같은 음식을 만들어본 끝에 손님들 반응이 좋으면 정말 살맛났죠."

"평생 한 기업에서 일한 저는 아무래도 임원 승진이었던 것 같네요. 고비도 기회도 여러 번 있었죠. 새로운 도전이 두려울 때도 있었지만 이 회사에서의 업무가 대체로 잘 맞아 끈기 있게 버텼습니다. 미련하다는 생각도 했었는데, 지나고 나니 일한 만큼 대가도 받은 것 같고, 힘든 시기를 견디면 상황이 바뀐다는 고집도 통한 것 같아 스스로가 대견하고 그렇습니다."

인생 최고의 순간들을 떠올리며 다시금 그때의 환희를 맛본 그들의 얼굴이 빛나기 시작했다. 이때는 그들이 "그때는 좋았는데……"라며 지금의 현실로 돌아와 지루함과 허무감을 꺼내놓기 전에, 그 시간 여행이 끌어낸 마음의 불꽃이 더욱 반짝거리도록 북돋아야 한다. 그러기 위해선 각자 자기 안에 묻혀 있던 자산을 끄집어내 상기시킬 필요가 있다. 이때는 이런 질문이 유용하다.

1. 그 경험은 이후의 인생에 어떤 영향을 주었나요?
2. 자신의 어떤 점이 그런 순간을 가능하게 했을까요?

3. 그 일을 할 때 가장 중요하게 여긴 가치는 무엇이었나요?

다음은 이 질문에 대한 대답들.

"여러 번 실패한 끝에 성공했던 그때를 돌이켜보니 참 용기 있게 살았구나 싶네요. 실패한 후에도 좌절하지 않았던 건 그러면서 조금씩 배우고 나아지고 있다고 생각한 덕분입니다. 자신을 믿었다고나 할까요? 의지가 강했던 그 시절을 생각하니 지금 이렇게 무기력한 게 속상하고 부끄럽고 그러네요. 나를 믿고 다시 나아가고 싶어요."

"한 번도 포기하지 않았어요. 남편도 나도 아이가 있어야 가정이 완성된다고 믿었으니까요. 그 이후로도 굳건한 믿음이 있으면 소망을 이룰 수 있다고 생각하게 되었고요. 뭔가를 소망하고 그걸 이루기 위해 매일 열심히 사는 게 가치 있는 일인 것 같아요."

"제자들이 찾아온 뒤 한동안은 젊은 아이들을 위해서 내 작은 재능이라도 기부해야겠다 마음먹었는데 잊어버리고 말았네요. 아이들을 가르치는 직업을 가졌다는 사실이 새삼 뿌듯합니다. 남에게 헌신하면서 나도 성장하는 즐거움을 느끼기 위해 다시 길을 찾아봐야겠어요."

"금슬이 너무 좋아도 시샘이 있다더니 그이가 일찍 간 것도 그래서일까요? 대출금 다 갚고 겨우 돈 걱정 안 하고 살 만하니 남편이 갔어요. 열심히 살았던 남편 덕에 이만큼이라도 산다고 생각해요. 남편에게 더 잘해주지 못한 게 인생에서 가장 큰 후회입니다. 부족했던 사랑을 누구에겐가 베풀면서 살고 싶어요."

"호기심이 가장 큰 자산이었다는 생각이 듭니다. 새로운 걸 해보고 결과가 좋았을 때 느끼는 성취감이 살맛나게 한 것 같아요. 지금이 재미없는 건 그냥 편안하기만 해서가 아닐까요? 이제는 자신에게만 즐거운 게 아니라 주변을 즐겁게 하는 가치 있는 일을 찾아보고 싶네요."

"한 직장에서만 오래 일한 게 경험 부족이 되는 건 아닐까 생각하기도 했는데 한 우물을 판 게 나의 강점이라고 여기겠습니다. 쉽게 포기하지 않는 끈기도 큰 자산이니까요. 그 자산을 활용해서 새로운 일이나 관계를 시작할 용기를 가져보겠습니다."

자신과 함께 타인을 이롭게 하는 삶

어려움을 극복하며 크고 작은 성취를 이뤄낸 과거의 경험에서 자신만의 자산과 용기를 기억해 낸 이들, 그렇게 그들은 각자 자기가 원하는 미래의 길을 찾아가는 코칭 대화를 계속하면서 서로를 격려하고 지지하기 시작했다. 이 과정에서 모두가 깨달은 건 그동안 자신을 자비의 눈으로 바라보지 않았다는 사실이었다.

부처는 인생의 고통을 없애고 궁극의 평안으로 가는 방편으로서 자기 삶을 연민의 눈으로 바라보는 '자기 자비'를 이야기한다. 세상은 고통으로 가득 차 있고 생로병사가 곧 고통이라고 하지만 그 고통에서 벗어나는 시작은 이렇게 자기 연민을 가지는 것이다.

"왜 모두 힘든가요?"라는 질문에 인생이란 '반고반락半苦半樂'이라고, 고통만큼 즐거움도 있다고 말한다. 고통만 있는 것이 아니라는 말이다. 그렇다면 즐거움은 어디에서 올까? 모두의 아픔과 슬픔을 이해하는 연민으로부터 온다. "너도 아프니? 나도 아프다"라고 하는 마음, 거기에서 자비가 시작된다. '자비慈悲'라는 두 글자에는 모두 '마음 심心' 자가 들어가 있다. 그 마음은 고통과 슬픔을 이해하고 그 자리에 대신 평온함을 주려는 연민의 마

85

음이다.

이 마음은 먼저 자기에 대한 자비심에서 시작한다. 자신을 먼저 어여삐 여겨야 타인에게도 자비로운 마음이 옮겨간다. 자기를 연민하는 데서 비롯한 자비라고 해서 악을 행하는 자신에게도 무조건 관대하라는 뜻은 아니다. 건강한 몸과 마음으로 남에게 맑은 기운을 전하는 삶의 태도가 자기 자비의 시작이다.

여섯 명의 그룹 코칭 참여자가 자기 자비에 공감하며 찾은 마음의 나침반은 '자신과 함께 타인을 이롭게 하는 삶'이었다. 지금부터가 인생의 내리막길이라면 자신을 비롯한 주변의 모두에게 자비를 베풀어 그 길을 더욱 환하게 밝히자고 마음을 내었다. 저 찬란한 햇빛의 아름다움조차도 인생의 아픔을 이해한 60대들에겐 달리 보이는 법, 그런 그들에게 타인의 고통을 함께하려는 자비의 마음은 어쩌면 자연스러운 일인지도 모르겠다. 자비의 의미를 나눈 후 각자가 어떻게 자비를 실천할 것인지 계획을 세우고 다짐하는 시간을 가졌다.

"나를 연민하는 마음으로 이웃에게도 자비를 베풀겠습니다. 내가 가진 재주를 활용하면 어렵지 않을 것 같아요. 먼저 독거노인 미용을 해드리는 것으로 시작해 볼까 해요."

"늘 누군가에게 내 마음을 털어놓고 위로받고 싶다는 생각부터 했는데, 제 귀를 먼저 열어야겠어요. 남의 마음을 알아주면 내 마음도 절로 알게 될 듯합니다."

"아이들과 함께 있기를 좋아하는 내 재능을 묵히지 말고 더 늙기 전에 동네 아이들이라도 함께 놀아주면서 독서 교육을 하고 싶어요."

"우선 나를 더 사랑하면서 자비로워지겠습니다. 가버린 사람에게 못다 한 사랑을 나 자신과 다른 가족, 또 친구들에게 대신 베풀어야겠어요. 사랑하는 법을 잊고 지냈는데 다시 시작하고 싶어요."

"수십 년 몸을 혹사했으니 몸에 좋은 것만 먹고 좋은 일만 하고 매일 즐거운 일을 찾으면서 먼저 나에게 자비를 베풀겠습니다. 나를 사랑한 후에 그 자비를 이웃에게 돌리는 방법도 찾겠습니다."

"경쟁하고 성취하는 직장 생활에 집중하느라 작아진 마음을 자비와 연민으로 채워보겠습니다. 그리고 퇴직금이 꽤 될 것으로 기대하고 있는데, 우선 어려운 이웃에게 물질 보시로 자비를 실천해 보겠습니다."

이들은 자신의 다짐을 실천에 옮기며 매일 자비 일기를 기록하기로 하고, 이후 어떤 변화가 생겼는지 한 달 후에 다시 모여 코칭 대화를 나누기로 했다. 자신과 이웃을 사랑하는 자비심에서 오는 넉넉함이야말로 노년을 바라보는 이들에겐 재물이나 영화보다 더 귀한 참 복인 것 같다.

2부

**소중해서 힘든,
관계의 미학**

앞치마를 두른 삼식이는 섹시하다

'밥 차려줄까'로 행하는 동사섭

재래 시장 쪽으로 산책하러 간다는 삼식에게 지폐 한 장을 집어준다.

"포항초 있으면 한 단하고 숙주 한 봉 사 오셔. 남는 건 팁이오. 아, 그 시장의 미나리 좋더라. 그것도 보이면 한 봉지……(사려면 돈 모자라겠네, 하려는데……)"

"야!! 이걸로 그걸 다 사오라고?"

"(갑자기 얄미워져서) 모자라면 자기 돈 보태시든가."

"용돈이라고는 쥐꼬리만큼인데, 걸핏하면 장 봐오라고 심부름시키면서 삥까지 뜯는구먼. 빵 셔틀시키는 일진이냐?"

"다 당신 입으로 들어가는 거요. 세 끼 챙겨주는 일진 봤수?"

하루 세끼 반찬 챙기는 게 다 누구 때문이냐고? 먹으면서 싱겁네 짜네, 건강식이라고 애써 차려놓으면 고기 한 점 없는 풀

밭이라느니 어쩌니 투정은 다 하면서, 산책길에 장 좀 봐 오라면 툴툴대는 남자에게 좋은 소리가 나올 리 만무다. 자녀는 다 독립해 나가고 부부 둘만 지내면서도 매 끼니 챙기는 역할에서 벗어나지 못한 여자는 끼니 독립 못하는 '삼식이'에게 일진 노릇이라도 해야 오랜 세월의 억울함이 풀릴 것 같다.

여자가 SNS에 이런 내용의 글을 포스팅했을 때 제일 많이 달린 댓글은 삼식이가 되면 다 이런 대접이냐며 불쌍하다는 거였다. 농담조로 가볍게 쓴 댓글들이었지만, 그 속에는 은퇴해서 집에 있는 남자를 더 이상 돈 못 벌고 끼니만 축내는 백수 취급하며 구박하지 말라는 질책이 담겨 있었다.

물론 그런 농담 같은 진담에 귀 기울일 여자는 아니다. 지금까지 남자에게 차려 바친 밥상이 대충 헤아려도 1만 끼가 넘는다. 세상에! 누군가가 자신의 주린 배를 채우기 위해 1만 끼가 넘는 식사를 준비했다니, 나 같으면 엎드려 절하는 자세로 고맙게 밥상을 받을 것이라고 여자는 생각한다. 찬거리 준비를 돕는 거 정도는 당연하지.

삼식이와 요셉남

새삼스럽게 남자와 여자의 역할 분담에 시비를 걸거나, 세상이 달라졌으니 부부의 역할도 바뀌어야 한다고 진지한 논쟁을 펼치고 싶어 이런 얘기를 꺼내는 건 아니다. 남녀가 부부라는 인연으로 만나 그동안 어떤 세월을 살았건 함께 나이 예순을 넘기며 '밥벌이 전쟁'을 끝내고 어느 정도 여유 있는 생활로 들어섰다면, 이제 남자도 자신의 끼니 정도는 스스로 해결하려는 자세를 보여야 하지 않을까? 맞벌이였건 전업주부였건 여자도 나름의 역할을 했을 테니 말이다.

많은 아내('남편'과 '아내'라는 호칭 자체가 성 역할을 고정해서 보는 편견의 하나로 보여 쓰고 싶지 않지만 바꿀 말을 찾지 못했다)가 남편이 은퇴한 뒤 느끼는 가장 큰 스트레스가 뭐냐는 물음에 남편의 하루 세 끼를 챙기는 일이라고 답한다. '세 끼를 집에서 먹는 남편'을 뜻하는 '삼식이'라는 신조어가 바로 아내의 마음을 말해주고 있다. 자녀는 독립해서 나가 살거나 제각기 바빠서 함께 식탁에 앉기도 어려운데, 남편은 이제 죽을 때까지 밥 차려달라며 붙어 있다고 생각하면 한숨부터 나온다.

'요섹남'이라고 들어봤을 것이다. 요리 잘하는 섹시한 남자! 텔레비전에 나오는, 달인 같은 솜씨로 칼질하고 멋진 포즈로 소금을 흩뿌려가며 스테이크를 굽는 셰프만 섹시한 남자가 아니다. 부엌을 어지럽히고 손을 데어가며 요리에 몰두하는 60대의 남편이야말로 섹시하다.

고향의 한 남자 선배가 어떤 얘기 끝에 "딸 부부랑 손주가 오는 주말이 난 제일 좋아"라고 해서, 귀여운 손주 자랑을 하나 했더니 밥 타령이었다. "애들이 오면 식탁의 반찬이 달라지거든!"

아직도 아내가 챙겨주는 밥이 '따뜻하고 포근한 부부 사랑의 징표'라고 생각하는 남편의 밥 타령에 아내는 어떤 생각을 할까? 한 친구는 매일 밥 타령하는 남편이 그러잖아도 미운데 정말 꼴도 보기 싫었던 때가 있었다면서 극단의 예를 들려주었다.

"주말에도 바빠서 밥 한 끼 같이 먹을 시간이 없는 아들이 모처럼 집에 있는 날이라 마음먹고 갈비찜을 했더니, 남편이 먼저 달려와 우적우적 먹어대는데 어찌나 꼴 보기 싫던지, 남편 입에서 갈비를 빼내 아들 주고 싶더라니까."

함께 듣던 친구들은 '심하다'고 하면서도 한편 공감이 가는지 유쾌하게 웃어댔다.

돌봄 역할에서 벗어나고 싶은 아내

60대의 미란은 은퇴 후 삼식이가 된 남편에게 느끼는 애증의 갈등으로 나를 찾아와 코칭을 원했다.

"하루에도 몇 번씩 님편이 미웠다가 아니었다가 해요. 그 감정이 어찌나 수시로 변하는지 내 정서 상태가 이상한가 싶을 정도예요."

혼자 있을 때 가만히 생각하면 40년 가까이 가장 역할을 하며 집안 경제를 책임져 온 남편이 고맙고 애틋한데, 그런 남편이 잔소리하거나 미운 짓을 하면 그 마음이 한순간에 돌변한다고 했다.

"종일 집에 함께 있으면서 밥 타령이나 하는 날은 더해요. 신문을 보면서 해대는 말도 듣기 싫고, 화장실에서 내는 소리는 더더욱 듣기 싫어서 문 닫고 일 보라고 쏘아대곤 하죠."

남편의 사소한 잔소리에도 예민하게 반응하며 작은 말다툼을 이어가다가 하루가 끝날 때면 그렇게밖에 못한 자신이 한심하고 남편에게 공연히 미안한 마음이 드는 일이 되풀이된다고 하소연했다. 요즘 남편과의 관계를 되돌아보면서 미란은 자신이 앞으로도 일상의 자잘한 일을 치다꺼리해 줘야 하는 남편이라는 존재를 남은 인생의 큰 짐으로 여긴다는 사실을 새삼 깨닫게 되었다.

흔히 듣게 되는 이런 이야기는 직장 생활을 마무리하고 집으로 들어온 남편을 대하는 아내의 마음 한편을 솔직하게 보여준다. 남편은 여전히 아내를 가장 든든한 조력자로 믿고 의지하는데 반해, 아내는 이제 그 노릇에 질려 있거나 어쩔 수 없이 한다는 이 거리감.

"평생 밥상을 차리고 가족의 돌봄 역할을 하는 일이 얼마나 지루하고 피로한지 남자는 잘 모를 겁니다. 집안일이 뭐 그렇게 어렵냐고 하겠지만 어려운 게 아니라 성가시고 즐겁지 않은 거죠. 가사 노동이라는 게 해놓으면 특별히 티가 안 나지만 대충하면 바로 모자라는 티가 나잖아요? 지루하고 무의미해도 살아가기 위해서는 집 안의 누군가 해야만 하는 일이죠."

수십 년 해온 이런 일을, 성장한 자녀는 집을 떠나 없고 자신은 몸과 마음이 쇠락해져 가는데도 여전히 혼자 떠맡아야 한다는 사실이 숨 막히고, 그 노릇을 남편이 강요한다고 생각하면 남편에게 미운 마음이 들 수밖에 없다고 미란은 말했다. 한숨 소리와 짜증 섞인 표정이 어찌나 생생한지 마음에 깔린 미움이 내게 고스란히 전해져 왔다.

미란이 고객이니만큼 남편의 태도를 코칭의 직접 대상으로 삼을 수는 없다. 상황 자체를 바꾸거나 상황을 대하는 그녀의 마음을 변화시키는 것이 코칭의 주제이다. 나는 미란의 긴 하소연을 묵묵히 들은 다음 그녀가 변화를 원하는지, 그런 시도는 해보았는지부터 먼저 확인했다.

"구체적으로 남편과의 사이에서 어떤 변화를 원하시는 건가요?"

"크게 기대하지는 않아요. 갑자기 사람이 달라지나요? 사실 평생 돈 벌어 가족 부양하느라 고생했으니 편안한 노후를 보내야 한다고 생각해요. 그래도 하루 한 끼 정도는 본인이 차려먹고, 다른 집안일도 좀 거들고, 가끔 혼자서 외식도 해서 나에게 숨통을 틔워주면 좋겠어요."

그녀는 큰 변화를 기대하지는 않는다고 했다. 그러나 변하지 않으리라고 생각하면 그 상황이 더 견디기 어려워진다. 포기하고 받아들여야 한다고 결론이 나면 더 암담해지는 법이다. 평생을 함께해야 하는 부부 사이일수록 포기하지 말고 바꾸려고 노력하는 태도가 필요하다.

"그런 바람을 남편에게 얘기해 보셨나요?"

"여러 번 했죠. 그런데 들을 때는 알았다고 하고 한두 번 하다가 다시 흐지부지하고 말아요."

"흐지부지해 버릴 때 어떤 반응을 보이셨나요?"

"그냥 뭐 '할 수 없지' 생각하고 내버려두죠. 그러고는 속으로 참다가 조금씩 쌓이면 팡 터트려 싸움이 되고요."

"그렇군요. 하겠다고 해놓고 대충 넘어가도 그러려니 하고 안으로 삭히다가 다시 쌓이면 터지는군요."

"네, 그러다 보니까 제대로 대화하기도 전에 화내고 싸우게 돼요. 결국 내가 잔소리하는 것처럼 상황이 끝나버리죠. 그런 상태의 되풀이예요. 그러고는 후회하고…… 계속 이러고 살아야 하나 싶어 한심하고."

"잔소리하고 싸우는 상황이 되지 않으려면 어떻게 해야 할지, 다른 방법을 시도해 본 적이 있나요?"

"글쎄, 뭐가 있을까요? 내가 집을 나가버릴 수도 없고…… 밥 차려주는 일로 그런 극약 처방을 하는 것도 우습잖아요?"

미란은 끼니마다 밥상 차리는 일로 실제로는 끊임없이 스트레스를 받고 있는데도, 남편 앞에서 감정을 제대로 드러내고 상황을 바꾸기 위해 뭔가를 하는 건 지나치다고 생각한다. 밥상 차리는 건 아내 일이라는 관습에 익숙해져 한편으로 대단한 문제가 아니라고 여기면서도 자신이 평생 남편의 밥상을 챙기자니 짜증나는 모순된 감정의 소용돌이를 되풀이하고 있다.

그 대목에서 나는 "라면을 누가 끓일 것인가?" 하는 문제로 이혼까지 하게 되었다는 한 후배의 전설 같은 이야기가 떠올랐다. 남자는 집에서 일하는 프리랜서 작가였고, 여자는 다달이 잡지 편집을 마감해야 하는 출판사 편집자였다. 여자가 바쁜 하루를 마치고 파김치가 되어 귀가하면, 남자는 그때까지 기다리고 있다가 "밥은?" 하면서 다가온다는 것. 여자가 라면이라도 끓여야 함께 식탁에 앉아 저녁 끼니를 해결하는 상황으로까지 가자, 그 동인 쌓인 울화가 폭발하면서 "우리 이혼해"로 결말이 났다는 얘기이다.

라면 하나 끓이는 게 힘들어서였겠는가? 시간과 여유가 좀 더 많은 남자가 해도 될, 아니 당연히 해야 할 밥상 차리기를 항상 여자의 책임인 양 미루는 남자의 무신경과 배려 없음에 정나미가 떨어진 것이겠지.

직장에 다니는 후배와 전업주부인 미란의 상황은 다르지만, 은퇴 후 시간과 여유가 많아진 남편이라면 이제는 달라져야 하고, 미란은 그걸 당당히 요구할 수 있어야 하지 않을까? 나는 그녀가 밥상 차리는 일을 분담하자고 요구하는 게 결코 치사한 일이 아니라 평화로운 노년을 위한 중요한 변화임을 알게 해주고 싶었다.

"자신이 집을 나가는 건 극약 처방이군요. 그렇다면 봐주다가 속으로 울분이 쌓여 잔소리하고 싸우기를 반복하는 상황과 집을 나가버리는 정도의 극약 처방 사이에 뭐가 있지 않을까요?"

"음…… 먼저 내 감정을 알려주고 어느 정도 가사를 분담하기로 약속한 다음, 약속을 안 지키면 극약 처방까지 가기 전에 그보다 약한 다른 패널티를 주는 방법? 좀 치사해도 식사를 차려주지 않고 알아서 하게 내버려둔다든지, 집안일을 모르는 척하고 가만히 있어 남편을 불편하게 한다든지……"

"그런 카드를 치사하다고 여기시는군요. 그러면 그런 치사한 카드를 쓰는 것과 잔소리하다가 봐주고 싸우고 또 봐주고 하면서 미워하고 짜증내는 상황을 반복하는 것 중에 어떤 쪽이 더 힘들까요?"

"얘기하다 보니, 치사하더라도 분명한 약속을 하고 이를 어겼을 때 벌칙을 주는 게 낫겠다는 생각이 드네요. 사실 그냥 짜증 정도가 아니라 그게 쌓이니까 우울해지고 남편이 너무 미워져요. 우선 남편과 진지하게 대화를 나누는 쪽으로 애써봐야겠어요. 그냥 늘 하는 잔소리 정도로 넘겨버리거든요. 내가 기분 상하는 정도가 얼마나 심각한지 말해주고, 가사를 어느 정도로 나눌지 합의하고, 그걸 어기면 패널티를 확실하게 줘야겠어요."

내일 당장이라도 실천해 보겠다는 그녀의 다짐과 함께 우리는 코칭 대화를 마무리했다.

은퇴 후 아내와 둘이서 도란도란 얘기 나누며 밥도 먹고 영화도 보고 산책도 하며 지내겠다는 꿈에 젖어 있는 남자라면, 그 꿈을 현실로 만드는 주체는 여자가 아니라 남자 자신이라는 사실을 꼭 일러주고 싶다.

나 역시 은퇴한 남편과 새롭게 노년을 시작한 개인적인 경험과 코치로서 듣고 공감한 여러 사례에서 얻은 교훈을 바탕으로 말하자면, 노년으로 가는 부부 사이에서는 남편이 다음 세 가지만 잘 지켜도 '삼식이'와 '삼식이 아내'가 아닌 훨씬 멋지고 아름다운 관계를 만들어갈 수 있다.

첫째, 말을 줄인다. 일상을 위해 많은 말이 필요한 시니어 부부는 별로 없다. 수십 년 세월을 함께해 말이 없어도 표정과 몸짓으로 다 알 만큼 농익은 사이이니 꼭 필요한 얘기만 나눠도 된다. 나의 경우라면, 식탁에서 신문을 펼쳐놓고 기사를 읽어대며 하는 남편의 나라 걱정이 제일 지겹다. '신문이라도 읽어야 뇌가 덜 늙겠지, 혹은 나이 들어가니 딱히 들어주는 사람도 없을 텐데 나라도 들어줘야지' 하는 마음으로 참고 듣다가, "이놈의 나라가 어찌되려는지" 하는 꼰대 같은 세평에 이르면 "식탁에서 신문 좀 읽지 마! 조용히 밥이나 먹읍시다"라고 쏘아붙이게 된다.

특히 자녀나 아내를 가르치려 드는 잔소리는 이 나이가 되면 아무 효험이 없다. 모처럼 다 같이 둘러앉은 가족의 식사 자리에서 아들이 직장에서 받는 스트레스를 언급이라도 하면 "옛날에 아빠가 회사 다닐 때는 말이야" 하고 '라떼 스토리'를 시전하는 아버님, 이제는 권위 있는 교훈이 아니라 잔소리일 뿐임을 알아두시면 좋겠다. 시대도 달라졌거니와 상황 판단도 장성한 아들이 더 낫지 않을까? 나이 들수록 "입은 닫고 지갑은 열라" 했는데, 지갑은 이미 아내가 밑바닥을 알 테니 입을 무겁게 하시라.

둘째, 가능하면 일주일에 한두 번이라도 남편이 전담 요리사가 되어 밥상을 차려본다. 다른 건 몰라도 요리만은 안 된다고? 군대 가면 남자가 다 요리하고, 유명 요리사도 남자가 더 많다. 크게 기대하는 것 아니니 그냥 한 접시 만들어 차려내는 성의 정도만이라도 보이자. 그리고 하다 보면 다 된다. 여자라고 해서 요리 잘하는 유전자를 타고난 건 아니다. 정 안 되면 설거지를 전담하라. 음식 만들고 차리느라 바쁘게 움직인 후 배불리 먹고 나면 느긋하게 쉬고 싶다. 그때 일어나 치우는 사람이 남자라면, 여자는 남자가 멋진 요리 한 접시를 차려낼 때만큼의 감동은 아닐지라도 고맙고 뿌듯한 마음이 안 들 리 없다. 최소한 구박은 면한다.

셋째, 특별히 바깥 활동이나 사교를 열심히 하지 않는 남자라도 일주일에 하루 이틀은 낮에 집을 비워 여자가 혼자 있는 시간을 준다. 아이들도 다 나가고 허전하니 둘이서 딱 붙어 사이좋게 지내자고? 그건 남자인 당신 생각이다. 아무리 좋은 부부 사이라도 종일토록 붙어 있기를 사나흘씩 하다 보면 여자는 남자가 징그러워진다. 중년 이후의 여성은 그렇다. 그런 호르몬이 있는 모양이다. 뉴스 보며 한마디씩 내뱉는 남편의 세상 걱정은 신물 나고, 남편이 즐겨 보는 유튜버 목소리도 지겹다. 텔레비전 끄고 핸드폰 접고 그냥 바깥으로 나가시라. 국수라도 사 먹고, 카페에서 커피도 마시고, 그렇게 걸어 다니다 보면 요즘 세상 형편도 알게 되고 두뇌도 녹슬지 않고 건강에도 좋다.

불교의 사섭법四攝法은 사람을 끌어당기는 네 가지 방법이라고도 할 수 있는데, 이 네 가지는 모두 상대가 원하는 바를 알고 행하여 먼저 다가가는 일이다. 첫째, 보시섭布施攝은 필요한 재물이나 부처의 가르침을 나누어 상대의 마음을 여는 것이고, 둘째로 애어섭愛語攝은 사랑스러운 말로 사람의 마음을 움직이는 것이다. 셋째 이행섭移行攝으로 실제 이익을 가져다주는 선행을 베풀어 상대의 마음을 열며, 넷째 동사섭同事攝으로는 어떤 일을 함께해 사람의 마음을 움직인다. 이 가운데 동사섭은 상대가 처한 환경에서 함께 일하고 생활하여 생사고락을 같이하는 가장 적극적인 공감 방법이다.

노년으로 가는 부부에게 이 동사섭만큼 사랑스러운 법문이 있을까? 한 사람은 일을 마치려고 바삐 몸을 움직이는데, 같이 있는 다른 한 사람이 풀밭에 앉아 콧노래를 부르며 잔소리나 해댄다면 절대 상대방의 마음을 얻지 못하며, 두 사람 사이에 평온함이 자리 잡기 어렵다. 여자가 같이 먹으려고 바쁘게 밥상을 차렸는데 남자는 식탁에 앉아 "반찬이 이게 전부냐?" "짜다" "싱겁다" 투정이나 하고 있으면 남자에게 눈 흘기지 않을 여자가 어디 있으랴. 남편이 그동안 경제의 많은 부분을 책임졌더라도 이제 그 시절이 지나고 함께 늙어가는 한가로운 처지가 되었다면, 기꺼이 동사섭의 자세로 내려와야 한다.

　여자가 식탁을 차리면 남자는 설거지를 하고, 여자가 집 청소를 하면 남자는 빨래를 걷어 정리하며, 여자가 외출하고 돌아오면 "밥 줘!"라는 말보다 "밥은 먹었어? 뭣 좀 차려줄까?" 하며 부엌으로 들어가는 것, 이 풍경이 예순을 넘긴 부부가 평화롭게 늙어가는 아름다운 동사섭이 아닐까?

예순 살 '와이프 보이'의 홀로서기

'천상천하 유아독존'으로 함께 사는 법

미란이 은퇴 후에도 계속 자신의 보살핌을 받으려 하는 남편에 대한 미움과 속상함을 하소연했다면, 문영은 자신의 은퇴 후 달라진 아내의 태도에 섭섭함을 내게 고백했다. 미란의 남편이 미란의 요구를 받아들이고 변화하기 위해 노력하지 않는다면, 아마도 문영과 같은 입장이 되어 코칭을 받으러 오지 않을까?

관계에서의 갈등은 코칭의 단골 이슈이지만, 그중에서도 부부 사이의 애증에 따른 문제는 훨씬 미묘하고 복잡하다. 핏줄이 아니면서도 공동 운명체로 묶인 두 사람은 가까워서 더욱 멀어지는, 속 모르는 사이가 될 수 있다. 늘 가깝게 지내다 보니 오히려 깊이 알려고 노력하지 않는다고나 할까?

은퇴 후 달라진 아내가 야속하다

　문영은 아내 경자와 다정한 시간을 보내리라고 기대하며 은퇴 후의 일상을 계획하고 있었다. 아이들은 독립했으니 단둘이 여행도 하고 취미 생활도 함께하면서 늙어가야겠다고 생각했다. 은퇴 후 처음 몇 달 동안은 그간 수고했다며 삼시세끼를 정성껏 차려주고 함께 다정한 시간을 보내기도 하던 경자는, 점차 남편이 집에 머물러 있는 시간을 불편해하면서 자신의 외출 시간을 늘리기 시작했다. 출퇴근 생활을 할 때는 몰랐는데, 집에 있어보니 아내는 자기가 모르는 친구가 많고 사진 촬영이니 합창단이니 동호회 모임도 많았다.

　문영은 그런 경자가 야속하다가 점점 미운 마음이 들기 시작했다. 급기야는 자기가 모르는 무슨 비밀을 갖고 있지 않나 하는 의심이 들어 아내의 수첩이나 컴퓨터를 뒤지기도 했다. 아내는 자신만의 세계를 만들면서 행복하게 잘살아 왔는데, 자기는 가족을 위해 오랫동안 고생만 한 것 같아 지난 시간이 허무하게 느껴지기도 했다.

　"아내에게 미운 마음이 드는 것도 견디기 힘들지만, 제가 누구보다 사랑하던 사람을 미워하게 되었다는 생각에 자괴감까지 들어서 이중의 고통이 느껴져요. 전 평생 아내밖에 모르고 살았어요."

문영은 특히 마지막 문장을 힘주어서 말했다. 마치 자신이 아내밖에 모르니 아내도 남편밖에는 몰라야 한다는 듯이.

부부 사이의 문제를 좀 더 객관화할 수 있게 나는 서로의 대화를 기록하고 가능하면 녹음해서 다시 들어볼 것을 제안했다.

문영: "내일 외출한 건데 셔츠 다림질이 안 되어 있네?"

경자: "그래요? 미리 말하지."

문영: "빨래를 하고는 왜 다림질을 안 했어? 당신 뭐하는 사람이야?"

경자: "뭐하는 사람? 아직도 그 소리야? 언제까지 당신 뒤치다꺼리를 해줘야 해? 이제 다림질 정도는 당신이 좀 하면 안 돼?"

문영: "내가 어떻게 셔츠를 다려? 할 줄도 몰라. 지난번에 해보니 더 구겨지기만 하더라."

경자: "여러 번 하다 보면 느는 거지, 누구는 뭐 처음부터 잘해요?"

문영: "다음 주말에 영화 보러 가자. 예매해 둘게."

경자: "영화? 집에서도 볼 수 있는데 뭐하러 답답하게 영화관에 가서 봐요? 그리고 다음 주말에는 약속이 있어요."

문영: "어딜 그렇게 매일 나다녀? 특별히 하는 일도 없으면서."

경자: "특별히 하는 일? 내가 하는 일은 다 하찮은 건가? 당신 이야말로 언제까지 나만 붙잡고 늘어질 거예요? 혼자서도 시간 보내는 방법을 생각해야지."

문영: "혼자 시간을 보내는 게 당연한 것처럼 말하네. 부부가 뭐야? 같이 시간을 보내면 좋잖아."

문영: "동네 산책 다닐 때 입게 카디건 하나 사줘."

경자: "어떤 걸로? 그냥 당신이 마음에 드는 걸로 사면 안 돼요? 사오면 색깔이 어떠니 디자인이 어떠니…… 당신 까다롭잖아?"

문영: "옷 하나 사주는 것도 이제는 귀찮은 거야?"

경자: "나도 당신 챙기는 것에서 좀 놓여납시다. 혼자 할 수 있는 건 혼자 해보려고 해요, 제발."

대화를 다시 들으면서 문영은 아내에 대한 미움이 새삼 솟아나는 걸 느꼈다. 자신과 함께 시간 보내기를 달가워하지 않고, 자신이 직장 다닐 때는 군말 없이 내조하다가 이제는 귀찮은 사람 취급하니 패씸하고 억울한 마음까지 들었다. 경제적으로 큰 걱정 없이 살게 하느라 그동안 고생하며 일했는데 그게 다 뭔가 싶었다.

나는 이 대화를 다른 사람들에게도 들려주고 그들의 느낌을 들어본 뒤 다시 코칭을 해보자고 제안했다. 문영은 위의 대화를 딸과 여동생에게 들려주었는데 그들로부터 들은 소감은 이랬다.

"여전히 아내를 남편 시중드는 정도의 사람으로 생각하고 있다. 집안일을 분담하겠다는 의지도 없고 실행력도 보이지 않는다. 부인이 바깥에서 어떤 활동을 하는지, 좋아하는 일은 무엇인지 관심이 없다. 영화도 상대방이 보고 싶은지 의견은 묻지도 않고 자기 혼자 결정해 통보하듯이 말하고 있다. 이제껏 직장에 다닌다는 이유로 아내에게 일상을 의존해 왔는데, 은퇴 후에는 어떤 일을 하며 일상을 꾸려갈 건지 자신만의 계획을 세워보지는 않았는지?"

문영은 자신을 권위적이고 이기적인 남편으로 여기는 그들의 말에 충격을 받았다.

'아내와 일상을 함께하겠다는 의도에서 한 말이나 행동이 아내를 귀찮게 하고 아내에게 시중받겠다는 태도인가? 지금까지 아내와 남편의 역할이 나뉘어 있었는데 지금 와서 새삼 뭘 어쩌라는 거지?'

자신이 정말 잘못 생각하고 있는지 혼란스러워진 문영은 남자들한테는 이 대화가 어떻게 들리는지 궁금해 가깝게 지내는 대학 동창 두 명에게 녹음 내용을 들려주었다.

다 듣고 난 두 친구는 의견을 말하기 전에 어쩜 자기네와 이리도 비슷하냐며 헛웃음부터 지었다.

"괘씸하고 억울하지만 어쩌냐? 뭐 뾰족한 수가 있나? 여자들 생각이 그렇다면 우리가 좀 바뀌어야지. 구박받아도 마누라밖에 없어. 애들에게 하소연했다가 본전도 못 찾았어. 딸내미는 심지어 황혼 이혼 안 당하려면 지금처럼 하면 안 된다고까지 하더라. 아빠는 나가서 돈 벌고 엄마는 집안 관리하며 살림했으니 함께 번 거나 마찬가지라며, 나보고 지금까지 고생했다는 말 이제 그만하래. 아들은 더해. 자기는 주말이면 온갖 집안일 다 한다며, 아빠처럼 하고 살면 진즉에 쫓겨났을 거라나?"

한 친구는 한술 더 떠서, 그냥 어쩔 수 없다는 태도보다는 좀 더 나아가 우리 남자들의 고정 관념부터 싹 바꿔야 한다고 주장했다.

"생각해 보면 우리가 구식인 거 같아. 집에 있어보니까 집안일이 끝도 없더라. 딸까지 셋 살림인데 뭐가 그리 일이 많은지. 우린 맞벌이했잖냐? 도우미 아줌마가 있긴 했어도 저 많은 일을 아내가 다 알아서 하도록 됐다는 게 미안할 지경이더라. 주말에 집 안 대청소하다가 딸한테 좀 거들라 했더니 지는 쉬어야 한대. 요즘 직장 생활이 얼마나 힘든 줄 아냐면서. 돈 번다 이거지. 예전의 나를 보는 거 같아서 할 말이 없더라고. 아내도 그때는 회사 생활하느라 바쁘긴 마찬가지였는데 말이야."

남편의 은퇴는 아내도 자유롭게 하는 것

"주변 누구에게 물어봐도 딱히 내 입장을 지지하는 사람은 없더라고요. 언제 이렇게 세상이 바뀌었는지 참."

나는 문영이 경자의 입장을 제대로 이해해서라기보다는 아내가 자신을 부담스러워하고 자신도 이 상황이 불편하니 좋은 관계를 유지하기 위해 어쩔 수 없이 생각을 바꿔보려 한다고 느껴졌다.

혼자서는 일상의 문제를 해결하기 어려워 여자의 보살핌을 받으면서도 그걸 부부 사이의 사랑이라고 착각하는 남자는 자기 삶의 주인공이 아니다. 타인을 일꾼으로 부리는 사람은 겉으로는 주인처럼 보이지만 실제는 자신이 그 사람의 노예로 사는 것이다. 밥을 차려주면 먹고 옷을 사다주면 입으니 말이다. 아내의 입장을 진정으로 이해하고 기꺼이 변화를 받아들이면 결국은 자기 삶을 주체적으로 꾸리게 된다는 사실을 깨닫게 하는 코칭 대화가 필요했다.

이때부터 문영의 코칭 이슈는 '노년의 부부가 함께 잘사는 법'이 되었다. 나는 문영에 대한 경자의 감정이 어떤지 이해하고 두 사람의 관계가 바뀔 때 문영의 삶에 어떤 변화가 올 것인가에 초점을 맞췄다. 내가 문영에게 던진 질문은 이런 것이었다.

- 은퇴가 본인과 아내에게 어떤 의미이며, 생활에는 어떤 변화가 올 거라고 예상하는가?
- 은퇴 후 아내가 자신을 대하는 태도가 달라졌다고 느낀다면 그 이유는 무엇이라 생각하는가?
- 부부란 어떤 관계여야 하며, 특히 지금부터 바람직한 관계가 되려면 자신이 어떻게 해야 하는가?
- 앞의 질문에 대한 답을 생각해 볼 때 자신의 요즘 말과 태도는 아내에게 어떤 감정을 불러일으킬 거라 짐작되는가?

부부란 일방적으로 챙겨주고 돌봐주는 사이가 아니라 서로를 독립된 존재로 인정하고 함께 길을 가는 도반이며, 은퇴 후에는 서로의 역할이 이전과는 달라져야 한다는 사실을 인정하는 데 총 6주간, 3회의 코칭 대화가 필요했다.

"내가 가장이며 의사 결정권자라 여겼는데 실은 아내의 챙김을 받는 의존자였구나 하는 깨달음이 왔을 때 섬뜩했습니다."

문영은 알고 보니 자기가 '와이프 보이'였다며 쓴웃음을 지었다. 엄마에게 의존하던 '마마 보이'가 그대로 성장해 의존하는 대상만 엄마에서 아내로 바꾼 남자를 일컫는 말, 와이프 보이. 자신이 의존자였다는 깨달음은 문영에게 엄청난 발견이었다. 이제부터 자신이 삶의 참다운 주인이어야 한다는 자각이었으니 말이다.

자신이 주인공인 삶을 살아야 한다는 자각은 타인의 삶도 존중해야 한다는 성찰로 이어졌다. 은퇴의 의미를 물었을 때 그가 들려준 대답이 생각의 변화를 보여주고 있었다.

"이전에는 힘든 직장 생활에서 해방되는 것이라고 순전히 내 입장으로만 해석했어요. 그동안 아내도 함께 수고하고 경제 활동을 한 것이라고 달리 생각하고 보니 아차, 싶더군요. 그 사람도 자유로워져야 하는 거구나, 깨달았죠."

"앞으로 무엇을 바꿔볼 생각이신가요?"

"우선 아내가 나를 챙겨주고 부부는 함께해야 한다는 생각부터 떨치도록 노력해 보겠습니다."

코칭을 마무리하면서 문영은 긴장한 얼굴로 말했다.

"스페인 산티아고 순례길을 혼자서 가볼까 해요."

문영은 긴 도보 여행을 위해 매주 곳곳의 둘레길을 찾아 걷고 걷기 동호회에도 가입했다. 그는 마음으로부터 경자와의 거리

두기를 연습하고 있다고 했다.

"나는 이제 물리적으로도 정서적으로도 홀로서기를 해야 한다. 나 자신을 존중하는 만큼 아내를 존중해야 한다……"

홀로서기를 격려하는 나에게 그는 쓸쓸하게 말했다.

"아직은 힘듭니다. 나이 들수록 아내가 더 필요해요. 하지만 혼자의 시간을 즐기지 못하면 정말로 외로워질 거라는 생각이 드네요."

천상천하天上天下 유아독존唯我獨尊.

'하늘 아래 홀로 존귀하다'는 이 한마디는 자신만이 최고라는 뜻이 아니다. 자신의 존재 가치만큼 타인도 귀하게 받아들인다는 뜻이니, 여기에 부처 말씀의 진리와 묘미가 있다. 즉 하늘 아래 모든 존재는 단독으로 존귀하니 각기 홀로 선 후에 타자와 교감하고 사랑해야 한다는 뜻이 아닐까?

연기緣起의 눈으로 보면 나는 누군가의 수고로움으로 인해 존재한다. 밥알 하나도 많은 이들의 수고가 담겨 내 몸으로 들어간다. 평생 함께하기로 약속한 부부란 그야말로 엄청난 인연이며 연기의 결과이다. 이런 부부 사이를 동일 운명체라는 착각으로 한쪽으로만 끌어당기려 하면 건강하지 못한 악업惡業의 관계가 되어버린다. 진정한 연기란 각자의 독자성을 인정하면서, 네가 있어 내 존재감도 더불어 커지는 그런 사이여야 한다.

문영이 순례길에서 보내온 편지에는 이렇게 쓰여 있었다.

"처음으로 홀로 된 30여 일의 이 시간이 결혼 생활 전체보다 더 긴 것같이 느껴집니다. 고독하지만 오로지 나 자신만을 볼 수 있어서 새롭습니다."

그는 여행에서 돌아온 뒤 부부 사이를 새롭게 하려고 몇 가지 규칙을 정했다고 알려주었다. 순례길을 걸으며 다짐하고 메모해 둔 것이었다.

식사 준비는 나누되, 문영이 익숙해질 때까지는 간단한 아침 식사를 맡기로 한다. 다른 끼니를 아내가 준비하면 설거지는 문영이 한다. 아내가 외출할 때 이유를 묻지 않는다. 그 대신 돌아올 시간을 알려주고 늦으면 전화하도록 한다. 그 외 집안일은 아내의 의견을 들어 나눈다.

문영은 가끔 억울한 생각이 들기도 하고 외로운 느낌도 든다고 했다. 그럴 때면 "나는 홀로 존재하여 귀하고, 그대 역시 홀로 존재하여 귀하다"는 경구를 되새긴다.

"혼자이면서 가장 가까운 사람이 옆에 있으니 그 또한 좋다고 생각하려 합니다. 스스로 조금은 성숙해지고 멋진 인간이 되는 듯해서 잠자리에 들 때 혼자 빙그레 웃기도 해요."

여러 메이트와 함께하는 독립 라이프

불변하는 인연이란 없다

은경은 색다른, 조금은 도전적인 이슈를 가지고 왔다. 코로나 펜데믹 이전, 여행 사업을 하던 그녀와는 비즈니스 코칭을 몇 회 진행한 적이 있다. 50대 후반인 은경의 이번 코칭 주제는 자신의 독립 라이프를 더 성숙하고 평화롭게 보낼 방법을 찾는 것이었다.

"혼자 살지만 기혼 상태라 싱글이랄 순 없고…… '독립 라이프'라고 하고 싶어요."

남편과 딸과는 각기 따로 살면서 주기적으로 가족 모임을 한다고 했다.

"남편과 딸도 이제 인생 파트너라고 생각해요. 스마트폰의 대화방 이름에는 '♡파트너스'라고 저장되어 있어요."

성숙하고 평화로운 독립 라이프를 꿈꾼다니 멋진 생각이다.

코치이다 보니 많은 사람과 편견 없이 열린 대화를 나누는 편이지만, 이렇게 새로운 라이프스타일을 찾아 이름을 붙인 이는 처음이다. 은경과의 대화가 얼마나 흥미로울지 기대가 되었다.

나는 은경이 꿈꾸는 독립 라이프가 어떤 모습인지 자세한 설명을 부탁했다.

"여러 갈등을 겪으며 졸혼 상태가 되어버린 남편과 완전히 별거하고 딸도 분가하고 나니, 실패한 인생 같아 한동안 우울감에 빠져 있었습니다. 2년 정도 지나서야 새로운 삶을 만들어야겠다는 결심을 하게 되었어요. 결혼 생활이 성공적이지 못하다 해서 인생 전체가 실패라고 할 수는 없으니까요. 친구, 선후배와 깊은 대화를 나누면서 깨달음을 얻고 용기를 낼 수 있었습니다. 내가 주도하고 책임지는 그런 생활, 독립 라이프를 잘 꾸려가 보자고 마음먹게 되었어요. 그러자면 일상을 때때로 함께할 친구가 필요해요. 그런 친구를 메이트라고 이름 붙였죠."

"주도하고 책임지는 독립 라이프에 동반자인 메이트…… 매력적인 개념이군요. 메이트는 친구와 어떻게 다른가요?"

"동성 지인뿐 아니라 대학교 때부터 동아리 활동으로 알고 지내던 남자 선후배들한테서도 많이 배웠어요. 그들 삶에도 여러 곡절이 있었는데, 실패한 부분에 정면으로 맞서는 모습이 인상 깊었습니다. 이혼으로 혼자된 남자 선배가 '인생에서 가장 좋은 관계는 결국 도반이 아니겠냐'고 했는데 크게 공감했어요. 함께 공부하고 여행하고 인생의 고민을 나누는 그런 사이가 도반이죠. 부부가 도반이면 제일 바람직한데 그런 부부가 많지 않은 게 현실이니까요. '친구'가 자주 만나고 대화하는 모든 지인을 아우르는 거라면, '도반'은 인생의 가치나 철학, 추구하는 바가 같은 친구라고 할 수 있겠네요. 메이트는 여행 메이트, 공연 메이트, 공부 메이트 등 각기 분야별로 함께 하는 도반이고요. 그런 이들과 다시 교류하면서 시야가 넓어지고 인생의 관점을 바꿀 수 있었어요."

거침없이 자신의 '솔로 인생'의 계획을 말하는 은경에게 나는 오늘 코칭의 목표가 정확하게 무엇인지 물어보았다.

"그들과 만나고 대화하면서 홀로 된 삶도 윤기 나게 할 수 있다는 자신감을 얻지만 가끔은 외롭고 확신이 흔들리는 때가 있어요. 오늘 코칭 대화를 통해 공감받고 용기를 얻고 싶습니다. 여러 이성 친구와 바람직한 메이트 관계를 평생 유지할 수 있다는 믿음을 갖고 싶어요."

여기서 나는 잠시 의문이 생겼다. 누구라도 그녀의 이야기를 들으면 콕 집어 묻고 싶어질 것 같다. 특히 여자가 당당히 홀로 시기를 해야 한다고 수장하는 페미니스트라면 더더욱.

"굳이 남자와의 관계를 새롭게 고민하는 이유가 있나요? 동성 지인과 그런 메이트가 될 수도 있을 텐데요."

"물론 동성 메이트도 있습니다. 진취적인 여자 후배들과의 관계가 가장 소중한 관계이고, 선배나 동창과도 좋은 만남이 많아요. 그런데 여성끼리만 있다 보면 아무래도 세상을 한편에서만 바라볼 때가 많은 것 같아요. 공감은 잘되지만 다른 관점이 부족한 거지요. 남자도 있어야 인간과 세상에 대한 이해가 풍부해진다고나 할까요? 인생이 더 온전해진다는 느낌이 들어요. 이제는 동성 메이트처럼 편안하고 더 깊은 대화를 나누는 이성 메이트도 갖고 싶어요."

신선한 관점이었다. 나는 온전히 공감하고 지지하는 코치의 입장으로 다시 돌아가 그녀의 편이 되어 대화에 몰입했다.

"그러면 지금까지 한 얘기를 바탕으로 오늘의 대화 이슈를 한 문장으로 정리한다면 뭐라고 할 수 있을까요?"

"말이 잘 통하고 신뢰할 수 있는 이성 도반과 활동별로 메이트의 관계를 잘 유지하고 싶은 건데요, 한 문장으로 만든다면, 이성 친구와 평생의 메이트로 지내려면 어떤 준비가 필요할까 정도가 되겠네요."

"여기서 잠시 한 가지 확인하고 싶네요. 남편과는 별거 상태라면, 좀 더 친밀한 연인 관계의 이성을 만들어서 그런 메이트의 역할도 하도록 할 수 있지 않나요? 아직 법적으로 솔로가 아니라서 그건 아니라고 생각하는 건가요?"

자연스러운 궁금증이 아닐까? 나는 그녀의 신선한 도전에 타인이 가질 수 있는 여러 시선과 의문을 던져 그녀 스스로 정확한 답을 갖게 하고 싶었다.

"몇 번 시도해 봤어요. 맞춤한 상대가 있으면 남편과는 정리도 가능하니까요. 서류 정리는 굳이 할 필요가 없어서 안 하는 것뿐이거든요. 그런데 남자친구랑 섹슈얼한 관계가 되면 평화롭지 않을 것 같아요. 앞으로의 제 인생에서 중심에 두고 싶은 첫 번째 키워드가 '평화'예요. 건강하고 평화로운 일상을 유지하고 싶어요. 그런데 연애를 하게 되면 나름의 뜨거움은 있을지 몰라도 집착하고 확인하는 소유욕이 생겨서, 이제는 그런 관계를 그만하고 싶어요. 정말 친구인 남자가 있으면 좋겠는데, 메이트라는 개념을 만드니까 목적이 분명해지고 경계가 생겨서 좋아요."

"그럼 지금부터는 이성 메이트와 평생 가는 관계가 되려면 어떤 준비가 필요할까 하는 걸 가지고 대화를 나눠보지요. 지금 원하는, 그런 바람직한 관계를 시도하고 있는 이성 메이트가 있나요?"

"3개월 건부디 한 달에 한 번 공연장에 같이 가는 메이트가 있어요. 공연장에 가는 일은 저에게 첫 번째 즐거움이에요. 그런데 혼자서 공연을 보러 가보니 관람 후 소감을 나눌 수도 없고 밥도 혼자 해결해야 해서 불편하고 외롭더라고요. 누군가 동반자가 있었으면 해서 지인 중에 찾아보니 악기 연주도 잘하고 음악에 조예가 깊어서 공연 메이트로 최적인 사람이 있는데 남자라고 굳이 피할 필요는 없다고 여겼죠. 이때 메이트의 개념을 처음 가져와 봤어요. 첫 번째 시범 모델입니다."

그 메이트와는 어떻게 시간을 보내는지 궁금했다.

"한 달에 한 번 날짜를 정해서 공연 보고 식사하고 딱 헤어져요. 더치페이가 원칙이죠. 제가 공연을 예매하면 메이트는 밥을 사요. 똑같이 나누거나 제가 조금 더 쓰거나 해요. 이것도 내 나름의 기술입니다. 제가 주도적으로 만남을 진행하니까 조금 더 써도 된다고 생각해요."

"해보니까 어때요?"

"아직 불편한 점은 없어요. 너무 기계적인가 싶기도 하고, 술 한 잔 하며 길게 얘기해 보고 싶다는 생각이 든 적도 있지만 그런 욕심이 생겨도 멈춰요. 술은 함께 안 마십니다. 충동적으로 행동하게 될지 모르니까요. 다른 욕심이 없으니 내가 먼저 연락해도 아무렇지도 않고 괜한 잔신경이 안 쓰여요."

"그 외에 시도하고 있는 다른 메이트도 있나요?"

"공부하는 메이트가 있는데 여기는 그룹이에요. 2주에 한 번 만나 삶에 필요한 여러 공부를 해요. 그리고 두 달에 한 번 정도 함께 여행하기로 정해두었고요. 그 외에도 다른 주제로 메이트가 생기기를 기대하며 준비하고 있어요."

편견을 이겨내고 무소의 뿔처럼 당당하게

"해보니까 걱정되는 바가 있는 건가요? 오래 갈 수 있게 준비하고 싶다고 했는데……"

"아무래도 남들 편견이 있어요. 친구에게 말했더니, '너 미쳤냐?' 그러더라고요. 실제 남자가 필요한데 위장이 아니냐는 거죠. 그래서 그런 편견을 극복하고 바람직한 모델을 만들고 싶어요. 그리고 스스로 내 마음이 그런 관계에서 정말 무엇을 원하는가, 자기 기만이 아닌가 하는 생각도 들여다보고 싶고요."

은경은 두 가지의 미션을 잘 파악하고 있었다.

"남의 편견을 이겨내는 것과 자기 기만이 아닌지 성찰해 보는, 이 두 가지가 미션이네요. 첫 번째, 사회의 편견을 이기기 위해서 본인이 할 수 있는 건 뭘까요?"

"좋은 롤 모델이 있나 찾아보고 있는데 아직은 못 찾았어요. 롤 모델을 찾는 것과 별개로 제가 잘 운영해서 모델이 되어야겠다고 생각해요. 저의 그런 모습을 보면 편견이 하나씩 사라지겠죠. 그러고 보니 이 분야도 R&D(Research and development)가 필요하네요. 연구 개발이라고 할까요? 흐흐. 우선은 실패하지 말아야 해요. 제가 이성 메이트라는 시범 모델을 잘 성공시켜야 편견이 깨지지 않을까요?"

"어떻게 되면 실패하는 거죠?"

"어떤 이유에서건 중도에 그만두면 일단 실패고요, 남녀의 섹슈얼한 관계로 되면 그것도 실패라고 생각해요."

"그렇게 되지 않으려면 어떻게 해야 할까요?"

"꾸준히 해야 합니다. 해보니 재미가 없다거나, 바쁘다거나 해서 빼먹기 시작하면 깨지기 쉬울 것 같아요. 월 1회로 정했으면 천재지변이 없는 한 지키기! 그리고 관계의 변질을 막기 위해 원칙을 꼭 지켜야겠죠. 공연이 목적이니 공연장에서 멀리 이동하지 않고 주변에서 식사하고 바로 헤어지기, 바래다준다거나 2차 가지 않기 같은 것. 그리고 상대와도 그런 목표를 공유해야겠죠."

"세운 원칙을 지키고 롤 모델을 찾거나 만들기 위해 연구 개발을 계속하기, 이 두 가지의 실행 방법이 나왔네요. 그러면 두 번째, 자기 기만이 아닌지 성찰하면서 거기에 빠지지 않기 위해서는?"

"이것도 결국 실행 전략은 비슷한데요, 일단 앞서 말한 그 원칙을 지켜야 자기 기만이 되지 않는 거고요. 덧붙여서 자신의 마음을 들여다보는 훈련을 해야 할 것 같아요. 마음의 균형을 잃지 않도록요. 마음이 무너지면 원치 않는 관계를 만들게 되기 쉽잖아요. 그래서 명상하고 요가도 하고 있는데 나름 도움이 되는 것 같아요. 그리고 글도 쓰고 있어요. 간단한 메모 정도라도 메이트 생활에 대해 자주 기록합니다."

"지금까지 그런 원칙을 실천하고 글로 정리하면서 든 느낌이 있다면요?"

"스스로 주도하는 삶을 살 수 있겠다는 생각이 들면서 자존감이 높아졌어요. 항상 내가 의존형이라고 느꼈는데 최근에는 달라지고 있다는 느낌이 들어요. 그래서인지 자신감이 생기고 더 잘하고 싶어졌어요. 또 가족 관계도 하나의 메이트라는 사실을 강하게 느끼면서 가족 해체에 대한 상처도 치유되는 것을 느낍니다. 가족은 호적 메이트라고 이름 붙이고 싶어요. 제가 먼저 생각한 개념인데, 방송 프로그램이 생겨서 깜짝 놀랐어요. 의미는 좀 다르지만요. 도반이라는 파트너 관계로 관점을 바꾸고 나서 남편과의 관계도 좋아졌어요. 실제 관계는 변하지 않았는데도 실패라고 여기던 상황을 파트너라는 관점으로 달리 바라보니 우울힘도 줄어들고…… 남편에게도 그런 기분이 전달되는 모양이에요. 내가 편안해 보여서 자기도 나와 지내는 시간이 유쾌해졌대요."

　은경은 마음챙김 명상과 글쓰기로 자기의 내면을 들여다보
며, 홀로이면서 때로는 다정한 사람과 함께하는 삶을 꾸려갈 수
있겠다는 확신이 든다고 힘주어 말했다. 나는 그녀의 마음챙김
에 대해 더 자세히 알고 싶다고 했다. 지금까지의 대화로 미루
어볼 때 그녀는 자신이 선택한 '독립 라이프'를 진지하게 고민하
고 준비해 왔다는 걸 알 수 있었다. 여러 망설임과 제약에도 자
신이 바라는 모습으로 조금씩 완성해 가고 있다고 보여지는데,
그 과정에서 마음챙김이 어떤 역할을 했는지 궁금했다.

　"대학 동창이며 도반인 친구가 사찰 스테이를 추천해 줘서 같
이 다니기도 하고 혼자 가기도 해요. 요즘 사찰 스테이는 엄격
하지 않고 자유롭게 프로그램을 선택해 참여할 수 있어 편안하
더군요. 눈이 떠지면 새벽 예불에 가고 스님 법문도 내키면 듣
고 그런 식으로 시간을 자유롭게 보낼 수 있어 좋아요. 그러면
서 짧은 명상으로 마음챙김하는 걸 배울 수 있었어요. 마음챙김
을 하게 되면서 진실로 원하는 삶이 무엇이고, 뭘 두려워하고
있는지 분명히 알게 되는 것 같아요. 무엇보다 지금 중요하게
느끼고 이루어야 할 일이 무엇인지 하나씩 생각하게 되었어요.
그러면서 기존의 편견과 제약에서 벗어날 수 있겠다는 힘도 얻
었지요."

나는 지금까지 은경에게서 느낀 그 단단함이 어디서 오는 건지 알 수 있을 것 같았다.

"그 외에 더 준비해야 할 건 없나요?"

"경제적인 독립도 중요하죠. 아직은 남편에게 약간의 지원을 받고 있는데 지원이 끊어질 경우를 대비해 준비해야 할 것 같습니다. 건강도 중요하고요, 건강해야 마음이 맑고 평화롭고 혼자서도 잘해 나갈 수 있으니까요. 혼자 잘 지내야 남에게도 잘하고 선도 넘지 않을 수 있어요."

"그럼 오늘 코칭을 정리해 볼까요?"

"50대 후반에 홀로 살게 된 나는 평화로운 여생이 목표다. 이를 위해 필요한 메이트 관계를 잘 설계하고 유지하고 싶다. 구체적으로는 이성 메이트를 만날 때 세워둔 원칙을 잘 지키고 명상과 글쓰기 등으로 성숙한 인간이 되어야 한다. 더하여 건강 관리와 기본 경제력 유지에도 힘쓴다. 가족의 관계도 도반의 관점으로 바라보면서 필요한 거리를 유지하고 진심으로 대한다."

"코칭 대화를 하고 나니 어떤 느낌인가요?"

"일단 코치님이 공감을 해주셔서 너무 좋았습니다. 사실 이런 생각을 공감받기가 쉽지 않았거든요. 또 대화를 나누면서 내 생각을 너 넝확하세 성리하고 확신도 갖게 되었어요. 오늘 정한 미션과 행동 원칙을 잘 지키면서 지내다가 나중에 다시 대화 나뉘보고 싶어요."

"잘 해낼 거라고 믿습니다. 다시 코칭 대화를 나누게 되길 기대할게요. 그대의 독립 생활을 응원합니다."

상식을 뛰어넘으면서 자신만의 삶을 살고자 하는 이는 인생의 '화두'를 쉽게 풀 수 있다. 상식으로는 해결할 수 없는, 딜레마나 역설로 가득한 질문이 바로 화두이다.

은경의 화두는 상식에 따르기보다는 자신에게 맞는 삶의 방식을 갖고 싶은 것이었다. 일반적인 남녀 사이와는 다른 메이트의 개념을 만들어 이성이어서 불편할 수도 있는 관계를 오히려 색다르고 즐거운 관계로 만들고 유지하려고 노력하고 있다. 또 가족의 해체를 패배로 받아들이거나 그 상처에 파묻히지 않고 새로운 관계로 발전시키고자 했다. "가족은 함께 살아야 한다"는 통념을 깨고 "소중한 가족이기 때문에 서로 망가뜨리지 않기 위해 거리를 둘 수 있다"는 역설을 이해하고 받아들였다.

맹목적으로 따르는 기존의 규범과 가치에서 벗어나 자신의 길을 가려는 은경의 선택은, 불변하는 것이란 없으니 인연과 집착에서 놓여나라는 불교 정신과 맞닿아 있다.

깨달음을 구하기 위해 집을 떠나는 수행자들이 지침으로 삼는 "무소의 뿔처럼 혼자서 가라"는 가르침은 익숙한 습관과 사유를 버리고 다르게 사는 삶을 기꺼이 껴안으라는 뜻이다.

은경이 외롭지만 의연하게, 무소의 뿔처럼 당당하게 갈 수 있기를!

"자식과 아내, 아버지와 어머니, 재산도 곡식도 친지들도, 모든 욕망의 경계까지도 다 버리고, 무소의 뿔처럼 혼자서 가라. 물에 사는 물고기가 그물을 찢는 것처럼, 모든 장애를 끊어버리고, 불꽃이 불탄 곳으로 되돌아가지 않는 것처럼, 무소의 뿔처럼 혼자서 가라."《숫타니파타》에서)

엄마가 원하는 삶, 딸이 원하는 삶

모성, 그 질긴 사랑과 집착 사이

모성만큼 뜨겁고 복잡하고 오색찬란한 사랑이 있을까? 엄마들에겐 자식이 '내 속에서 나와서 내 손으로 키운 나의 일부'여서 '내 생명보다 소중한, 무엇과도 바꿀 수 없는 존재'가 아닌가 싶다. 본인에게는 숭고한 이 절대의 사랑이 상대의 뜻과 다르게 넘쳐날 때는 협박이 되고 구속이 된다는 데에 모성의 함정이 있다. 원치 않아도 사랑이니 받아들이라 강요한다면 그것도 자식에겐 하나의 폭력이다.

자식이 행복한 삶을 만들어나가기를 바라는 순수한 애정과 부모가 원하는 대로 해줬으면 하는 집착은 그 경계가 아슬아슬하다. 자식이 원치 않는 일을 하기를 강요하면서 거기에 반발하는 자녀의 입을 닫고 싶을 때 부모가 흔히 쓰는 대사가 있다.

"다 저 잘되라고 그러는 거지."

잘된다는 건 무엇이며 그 기준은 누가 정하는가? 사랑이라는 이름으로 강요하고 자신의 굴레에 가두려 하다 결국 자식과는 더 멀어진, 모성의 함정에 갇힌 어머니의 하소연은 코칭의 익숙한 소재이기도 하다.

간섭하지 마세요. 제 인생은 제가 결정해요

기옥은 뒤돌아서는 딸의 뒤통수에 대고 소리 지르고 싶은 마음을 힘껏 눌렀다. 마주앉은 식탁에서도 스마트폰에만 눈길을 줄 뿐 얼굴 한 번 들지 않은 딸은 인사도 없이 책가방을 메고 집을 빠져나갔다. 현관문이 닫히는 순간 그녀는 플라스틱 컵을 집어 부엌 바닥에 던졌다. 마음 같아서는 유리잔을 대여섯 개는 던져서 깨뜨리고 싶었다. 유리창에 부딪쳐 와장창 박살이 나는 소리라도 듣고 싶었다. 그녀는 깨어진 유리 조각이 마치 자신을 할퀴는 듯한 고통을 느꼈다.

고등학교 2학년인 딸은 8개월째 엄마와의 대화를 거부하고 있었다. 학교에서 돌아오면 방에 처박히고, 식사 때가 되면 말없이 밥만 먹고, 외출할 일이 있으면 나갔다. 엄마가 묻는 말에는 한마디도 내꾸하지 않았고, 선날할 말은 아버지를 통해서 했다. 기옥은 호통도 쳐보고 달래도 보고 애원도 해봤으나 딸은 요지

부동이었다. 배고프면 다가오겠지 싶어 밥상을 차리지 않았더니 편의점 김밥이나 라면으로 혼자 방에서 해결했다. 용돈도 끊었다가 마음이 약해져 일주일을 넘기지 못하고 말았다. 딸이 등을 보인 이후 그녀는 체중이 5킬로그램이나 빠지고 잠도 제대로 자지 못하고 있었다.

나는 딸의 외면으로 고통을 호소하는 기옥에게 먼저 딸이 어떤 존재인지 물었다. 딸과는 어떤 감정의 교류를 해왔으며, 지난 17년간 딸 곁에 있는 엄마의 모습이 어땠는지 돌이켜보게 했다.

"딸은 제 인생의 전부입니다."

그 말로 기옥은 대답을 시작했다.

마흔이 넘어서 어렵게 얻은 딸은 그녀 인생의 전부였다. 어려운 가정 형편으로 학업을 제대로 마치지 못한 기옥은 자식만큼은 모든 것을 바쳐 지원하고 싶었다. 남편의 사업도 순조로워 경제적으로 넉넉했고, 딸도 엄마의 정성에 보답하듯 잘 따라와 주었다. 기옥은 딸을 사립 유치원을 거쳐 사립 초등학교에 보냈고, 아이가 중학생이 됐을 때는 일류 학원 강사로 과외 그룹을 조직하는 이른바 '돼지엄마' 노릇을 했다. 또래 아이 엄마들은 학원이나 선행 학습의 정보가 필요하면 먼저 그녀를 찾았다.

그녀의 모든 일정은 딸의 학업이 최우선이었고, 공부에 도움되는 사교가 아니면 동창 모임에도 나가지 않았다. 우수한 성적을 받아오는 딸의 미래는 그녀가 사는 이유였고 목표였다. 주변에서 딸 칭찬을 하면 자신의 인생이 성공한 것인 양 뿌듯함과 자부심을 느꼈다. 일류 대학에 진학하는 일이 그 성공의 정점이 될 터였다.

돈 잘 버는 남편과 공부 잘하는 딸, 기옥의 인생은 부러울 게 없었다. 최상위권 대학 진학이 무난하다고 말하는 학원 교사와의 상담을 마치고 돌아온 지난해 가을 그날까지는.

그날 딸은 폭탄선언을 했다.

"이제 앞으로 제 인생은 제가 결정해요. 엄마는 간섭하지 마세요."

뭣 때문이냐, 과외를 줄이고 싶냐, 하고 싶은 일이 있냐, 공부는 안 해도 좋으니 엄마와 대화하자…… 왜 한순간에 변했는지 알아보려 했으나 딸은 요지부동이었다. 딸은 귀도 입도 닫았다. 완벽하게 자신을 무시하는 자식과 한 집에서 지내는 시간은 엄청난 고통이었다. 딸은 엄마를 무시하고 못 본 척해도 엄마의 깨어 있는 모든 순간은 아이의 기척과 동정에 쏠려 있었다. 혹 문자라도 보냈을까, 오늘은 집에 오면 엄마 얼굴을 보고 말을 걸려나, 그녀의 하루하루는 애가 타고 살이 마르는 시간이었다.

기옥이 어떻게 하면 딸과 사이가 좋아지겠느냐고 물었을 때 나는 그녀가 코칭으로 변할 수 있는 범위가 어디까지일지 고민이 되었다. 여러 고객이 자녀와의 관계를 이슈로 들고 오는데, 그녀의 경우는 자신의 인생을 딸의 미래와 결부하는 정도가 아주 강한 편에 속했다. 딸의 성공에 자신의 인생을 걸고, 주변의 모두에게서 공부 잘하는 딸을 둔 엄마로 칭송받던 그녀였기에, 딸이 자신을 외면하는 지금 그녀는 정체성이 통째로 흔들리고 있었다.

기옥이 딸의 성공에 지나치게 집착하는 것은 자신의 감정이나 마음속 욕망을 자식에게 이전시키는 투사projection 심리로 볼 수 있다. 자신이 못다 이룬 소망을 자식을 통해 이루고자 하는 엄마는 자녀를 지나치게 통제하게 되며, 자녀의 성취가 미흡하다고 느껴지면 자녀와 동일시된 엄마는 그때 자기의 열등감이나 묵은 상처를 들쑤시게 된다.

기옥이 자기 이야기를 들려주면서 여러 번 덧붙였던 말은 그녀의 욕망을 그대로 대변하고 있었다.

"내 딸은 나보다 나은 여자가 되어야지요. 좋은 대학 나와서 유학도 하고 전문직을 갖게 하고 싶어요. 사회에서 누구나 인정하는 그런 멋진 여자로 만들 겁니다. 나는 집안 사정으로 공부하고 싶은 만큼 하지 못했거든요. 뭐든 뒷바라지해 줄 텐데 뭐가 아쉽다고 저러는지 모르겠어요."

나는 엄마의 그런 심정을 딸에게 전했을 때 반응이 어땠느냐고 물었다.

"나는 엄마가 아니잖아. 내가 살고 싶은 인생이 있다니까!"

말투까지 흉내 내며 딸의 반응을 전해준 기옥에게 나는 그 말을 듣고 어떤 생각을 하게 됐느냐고 다시 물었다.

"우선은 공부를 잘해서 좋은 대학에 가야죠. 학벌만 좋으면 얼마든 원하는 인생을 살 수 있잖아요?"

나는 기옥이 딸의 입장이 되어보려는 시도를 좀처럼 하지 않고 있다는 느낌을 받았다. 그렇다고 기옥과의 코칭 목표를 '딸의 입을 열게 하는 것'에 둘 순 없었다. 코칭 대상자가 딸이 아니기 때문이다. 일단 엄마가 딸을 이해할 수 있도록 하는 일이 첫 순서였다.

잠시라도 딸이 되어본다면

다루고자 하는 이슈가 '관계의 갈등'일 때 코칭의 메타 미러 Meta Mirror 모델이 유용하다. 메타 미러 기법은 서로의 역할을 바꿔서 다른 관점을 경험하게 하는 롤 플레이Role Play 중 하나이다. 관계의 갈등이 실제로는 상대방보다 자신의 욕구에서 생겨나는 경우가 많다는 것을 깨닫게 하는 코칭 모델이다. 기옥이 딸의 현재 심정을 이해하는 데 이 기법이 도움이 되길 바랐다.

기옥에게 우선 딸과의 위치 이동을 경험하게 했다. 메타 미러 모델에서 위치 이동은 큰 효과를 발휘한다. 롤 플레이를 할 때 상상만으로 역할에 빠지지 못할 경우는 상대 역할을 해줄 코치나 주변 사람의 도움을 받으면 된다.

딸은 늘 책상에 앉아서 엄마의 말을 들어왔다고 했다. 기옥은 딸의 모습을 떠올리며 책상 앞에 앉았다. 그리고 "오늘 학교 수업은 어땠니?" "학원에선 공부 잘했니?" "시험 준비는 잘되고 있니?" 등 엄마가 자주 하는 말을 듣는 딸의 입장이 되어보았다. 나는 기옥에게 엄마의 말을 들으며 책상에 앉고 침대에 눕고 식탁에서 밥을 먹는 딸의 모습을 떠올려보고 보디랭귀지로 표현해 보게 했다.

기옥은 한동안 팔을 늘어뜨리고 고개를 숙인 채 그저 끄덕이기만 했다. 나는 딸이 된 그녀에게 "엄마가 자신의 등을 바라보며 말을 걸 때 딸이 어떤 기분이었을까요?"라고 물었다. 기옥은 엄마가 뒤에 서 있는 것을 느끼며 딸이 불안하고 긴장했을 것 같다고 대답했다.

"나와 대화를 끊기 전에도 딸의 등을 보면 나를 거부하고 있다는 생각이 들었어요. 한참 말이 없다가 두 번 세 번 말해야 겨우 뒤돌아보거나 대답하곤 했죠. 나는 그저 '공부하라는 잔소리가 듣기 싫어 그렇겠지'라고만 생각했어요."

다음으로 그녀에게, 자신과 딸을 제삼자의 위치에서 바라보도록 했다. 이런 경우에 엄마와 딸의 역할을 코치나 다른 이가 맡기도 하고 인형이나 사물을 이용하기도 한다. 나는 "딸의 등에 대고 계속 말을 거는 엄마를 보는 느낌이 어떠세요?"라고 물었다. 그녀는 이 질문에 고개를 세게 흔들었다.

"벽이 가로막고 있는 것 같아요. 못 느낀 것도 아닌데 내가 바꾸려 하지 않았네요. '여기서 아이에게 지면 안 된다. 대학 들어갈 때까지는 밀어붙여야 한다'고 고집을 부렸어요."

"딸의 저항을 알면서도 밀어붙여야 한다고 고집한 이유가 무엇일까요?"

"애가 아직 몰라서 그런다고 생각했어요. 내가 살아봤으니 어린 딸보다는 잘 알겠지요. 저는 하고 싶은 공부를 못 한 게 한이거든요."

"그렇군요. 어머니가 공부 못한 것이 한이 되어서 딸은 그러지 않기를 바라셨군요. 그런데 딸이 원하는 미래가 어머니가 바라는 것과 같은지 대화를 해보셨나요?"

"'공부가 전부냐?'고 몇 번 말하더군요. 너무 힘들다고. 그래도 참고 견디면 성공한 인생 산다고 말해줬지요."

"딸은 뭐라고 하던가요?"

"엄마하곤 말이 안 통한다고 하죠."

그녀는 딸과 말이 통하는 것보다 공부를 잘하게 하는 게 더 중요하다고 여기는 듯했다. 메타 미러를 응용한 코칭 과정에서 딸을 조금씩 이해하게 되었다고 말하면서도, 그녀는 딸이 언제 마음을 열어 엄마의 말을 들을지 계속 조바심을 냈다. 언제 마음을 열지는 딸이 풀어야 할 과제이고, 딸의 마음을 이해하고 기다리는 것이 순서가 아니겠냐고 말하는 나에게 그녀는 진짜 속마음을 털어놓았다. 내신 성적이 떨어졌기 때문에 딸이 빨리 공부를 다시 해야 대학 입시에 지장이 없다는 것이었다.

기옥은 여전히 딸의 입시에 목을 매고 있었고, 지금도 그게 최우선의 목표였다. 코칭을 통해서도 자신의 마음을 다스릴 방법을 찾거나 딸과의 관계 회복을 위해 자신이 무엇을 해야 할지 돌아보기보다 딸이 자기의 말을 듣게 하는 게 우선인 것처럼 보였다.

"어머니, 딸이 엄마에게 마음을 열도록 직접 도움을 드리기는 어렵습니다. 그러자면 제가 딸과 대화를 해야 합니다. 오늘 코칭의 미션은 딸이 왜 그런 행동을 하는지 이해하고, 초조하고 불안한 어머니의 마음을 추슬러서 딸을 다른 마음으로 대할 수 있도록 도움을 드리는 것입니다."

여전히 딸의 성적이 걱정인 기옥의 속마음을 알게 되자 딸이 엄마에게 입을 열지 않는 이유도 알 것 같았다. 엄마와 대화를 다시 시작하는 순간 딸은 엄마가 원하는 대로 입시 공부를 다시 해야 한다. 딸은 엄마의 제일 관심사가 '목표하는 대학에 합격하는 것'이라는 사실을 알고 있었고, 그러자면 그런 엄마의 바람에 맞추어 다시 입시를 위한 공부벌레가 되어야 하는데 그러고 싶지는 않은 것이다.

"지금 어머니는 자신에게 등 돌린 딸과 서로 마음을 터놓을 수 있도록 관계를 회복하는 게 중요한가요, 어떻게든 딸이 다시 열심히 공부해서 성적을 올리는 게 중요한가요?"

그녀는 선뜻 대답하지 않았다.

딸의 성공으로, 자신이 실패했다고 여기는 인생의 한 부분을 보상받으려는 그녀의 욕망과 집착이 느껴져 긴 시간의 코칭을 끝내고도 마음이 개운하지 않았다. 기옥은 그날 코칭의 의미를 나와 제대로 공유할 수 없었다.

"코치님과 마음을 터놓고 이야기하게 되어 속은 시원하지만, 딸의 태도를 어떻게 바꿀 수 있을지 답은 바로 나오지 않네요."

기옥이 딸의 태도를 이해하려는 노력과 실천을 코칭의 첫 번째 목표로 하지 않는 한 더 이상의 진전은 어려웠다. 일단 한 번의 시간을 길게 잡고 코칭 대화를 한 뒤 전체 모듈을 결정하기로 했던 우리는 다음 약속은 다시 생각하기로 하고 대화를 마무리했다.

기옥의 경우에서 특별히 더 안타깝고 관심 가는 부분은 모녀 사이의 갈등이라는 점이었다. 엄마 중심의 지나친 모성이 자식에게 오히려 독이 되고 괴로움을 주는 사례가 많은데, 특히 같은 여성인 모녀 사이에서 갈등의 극단을 달리는 경우가 많다. 엄마는 딸의 인생이 자기보다는 나아야 한다고 여기며, 만족스럽지 못했던 과거의 삶을 딸의 성공으로 보상받으려 하는 심리를 많이 갖기 때문이다.

자기 뜻대로 되지 않는 딸에게 퍼붓는 유명한 악담이 있지 않은가?

"너 닮은 딸 낳아서 똑같이 키워봐라."

모든 고통의 시작인 집착하는 마음

불교에서는 무언가에 들러붙어서 떠나지 못하는 마음을 집착이라고 하며, 그것을 곧 '탐'이라고 하였다. 선한 마음을 해치는 기본적인 세 가지 번뇌인 탐貪(집착), 진瞋(노여움), 치癡(어리석음) 중 첫 번째이며, 모든 고통의 시작이 그것이라고 본다.

자식이 일류 대학을 나와 좋은 직장을 갖고 부유한 인생을 살기를 원하는 부모의 바람을 나쁘다 할 수는 없다. 문제는 딸이 어떤 삶을 살기를 원하는지 알아보려 하지 않고 자신의 가치대로 딸의 미래를 결정하는 엄마의 태도에 있지 않을까? 기옥의 관심은 딸의 우수한 성적과 일류 대학 입학이다. 그러나 이것은 딸의 길을 정해놓고 무조건 그 길로 가기를 바라는 엄마의 집착일 뿐이다. 딸이 일류 대학에 가서 남들의 찬사를 받아야 자신의 한이 풀린다고 생각하는 엄마의 욕망이다.

어디까지가 자식의 행복을 바라는 모성이며, 어디부터 집착이 되는 것일까? 집착으로 가지 않기 위해 본능의 모든 애욕을 멈추어야 할까? 집착을 없애라고 하면 그 대상에 대한 애정이나 소망을 없애라는 뜻으로 오해하기도 한다. 특히나 자식에 대한 기대를 마음먹는 대로 줄일 수 있냐고 되묻기도 한다.

집착을 끊으려고 노력하라는 것은 대상을 향한 모든 감정을 초월해야 한다는 뜻이 아니다. 마치 그 대상이 자기 것인 양 소유하려 하거나 뜻대로 휘두르려는 욕망을 내려놓기 위해 힘써야 한다는 뜻이다. 부모가 원하는 대로 해야 한다며 자녀가 갈 길을 미리 정해놓고 강요하는 사랑은 자녀가 스스로 어떤 인생을 살고자 하는지 헤아리지 않는 이기적인 욕망을 바탕으로 한 사랑이고, 그게 곧 집착이다.

코치인 나도 고객의 사연을 들으면서 어디까지가 진심으로 자녀를 위하는 부모의 사랑인지, 어디까지가 자신의 욕망을 대리로 실현하고 싶은 투사 심리인지 판단이 가지 않을 때가 많다. 그럴 때마다 스스로 '나'라는 에고를 만들지 말고 '내 것'이라는 소유의 아집을 일으키지 말라는 부처의 말씀을 생각한다. 영원한 '나'도 없는데 '내 것'이 어디 있으랴. 하물며 육체는 내 몸을 빌렸어도 영혼은 완벽히 다른 또 하나의 인간인 자식을 '내 것'으로 생각한다면 당연히 고통을 받을 수밖에 없지 않을까?

다정했던 아들은 왜 돌아섰을까?

묵언과 경청으로 마음을 얻는다

가족이라서 생기는 미움과 원망은 사랑과 한 뿌리에서 나온다. 사랑이 더할수록 미움도 더하다.

"내 마음을 몰라주다니 네가 어떻게 그럴 수 있어?"

가족에 대한 사랑과 집착이 강할수록 섭섭함과 미움의 씨앗도 왕성하게 발아한다.

"고생해서 번듯한 사회인으로 키워놓았더니 제가 잘나 그리된 줄 알고 부모 말은 듣지 않는다"는 엄마의 푸념에, "나이 서른이 넘고 직장인이 되어도 어머니 잔소리는 끝나지 않는다"는 아들의 항변. 부모 자식의 질긴 인연으로 만나지 않았다면 없었을 괴로움이다.

가족 관계에 대한 예리한 시각으로 개성 있는 영화를 만들어 온 일본의 영화감독 기타노 다케시는 "가족이란 누가 보지만 않는다면 내다버리고 싶은 존재"라고 말했다. 가족의 무게가 괴롭다는 독설이며, 가족이라 내다버릴 수도 없다는 역설이다.

박 여사의 아들은 30대 후반으로 대기업 과장이다. 고액 연봉에 복지가 좋은 회사라 야근이 잦은 것 말고는 큰 어려움 없이 직장을 다니고 있다. 테니스와 수영으로 몸 단련을 하고 겨울이면 스키를 즐기는 여미족Yummy(Young Urban Male)이다. 주말마다 차려입고 나가서 귀가가 늦는 걸 보면 사귀는 여자도 있는 것 같은데 물어보면 "엄마는 몰라도 돼"라며 입을 막는다.

10대 때부터 크게 속 썩이는 일 없고 제 앞가림도 알아서 해 누구나 부러워하는 외동아들이었다. 엄마하고 사이가 좋아서 식탁에 앉으면 친구나 학교 선생님 이야기를 하며 미주알고주알 함께 수다하길 즐겼다. 친구들은 "아들은 중학생만 돼도 등짝밖에 못 본다"며 딸보다 더 살가운 아들을 둔 그녀를 부러워했다.

무난히 입시생 시절을 보내고 대학생이 된 뒤에도 아들은 새로 사귄 친구나 미팅에서 만난 여자에 대해 숨김없이 엄마에게 털어놓았고, 선택할 일이 생기면 의견을 묻곤 했다. 박 여사는 삶의 동반자라고 친다면 남편보다 아들을 첫째로 놓을 정도로 사랑하고 소중한 사이로 여기며 늙어갔다. 아들이 결혼하면 가까운 곳으로 이사해 살림도 도와주고 아이를 낳으면 도맡아 키

위줄 마음의 준비까지 하고 있었다. 늘그막에 큰 일거리와 재미가 생길 것 같아 늙는 게 두렵지 않을 정도였다.

그러던 아들이 소원해지고 깊은 대화를 나누지 않게 된 건 직장 생활 5~6년차 되던 즈음이었다. 늘 바쁘다고 하고, 주말이면 약속이 있다며 나가고, 휴가를 내 가족 여행을 하던 20대 때와는 달리 혼자 나다녔다. 해외 여행 했다며 선물은 꼬박꼬박 사오지만 누구와 갔는지 어떻게 보냈는지 물어도 건성으로 대답할 뿐이었다.

"응, 재미있었어. 바다 가서 수영하고 쇼핑하고 그랬지 뭐."

아들이 원하는 삶은 무엇인가

박 여사가 아들 이야기를 하는 동안 그녀의 얼굴에는 즐거움과 섭섭함이 차례로 나타나더니 아들의 결혼에 대해 말할 때쯤에는 분노하는 표정이 되었다. 그녀의 얼굴에 나타나는 감정의 변화가 어찌나 솔직한지 본인이 허락한다면 그 표정을 찍어서 보여주고 싶었다.

나는 아들의 결혼 이야기가 나올 즈음해서 호흡도 고르고 마음의 여유도 줄 겸 경청하던 자세에서 벗어나 몇 가지 질문을 던졌다.

"그렇게 다정다감하던 아들아이가 슬슬 거리를 두기 시작할 때 특별한 변화가 있어 보였나요?"

"특별한 변화요? 글쎄요…… 취업하고 해가 지날수록 더 바쁘다고만 하고 해외 출장도 다니고 해서 그저 시간이 없다고만 여겼죠."

"대학생 때 하던 여자친구 이야기나 장래 이야기는 꺼내지 않던가요?"

"대학 때는 제가 이름까지 알 정도였는데 직장인이 되고는 여자친구 이야기는 잘 하지 않았습니다. 가끔 술 마시고 늦게 들어오기도 하고 주말 여행을 가기도 했지만, 캐묻기도 그래서 먼저 말을 꺼내진 않았어요. 장래 이야기도 그래요. 승진도 빠른 편이고 회사 생활에 특별한 문제가 없는 듯 보여 그런 대화는 잘 나누지 않았어요."

그녀는 아들이 멀어진다고 했지만, 정작 아들과 무슨 이야기를 나눠야 할지 모르고 있었다. 나이가 들어가니 결혼해야지 하는 막연한 걱정만 하고 있을 뿐이었다. 지난 주말에는 밤늦게 술 냄새를 풍기며 귀가하는 아들에게 잔소리하다가 급기야 고성이 오갔다고 했다.

"친구들은 만나면 손주 자랑이 한창인데 너는 어쩌자고 그러면서 나이만 먹니?"

"엄마, 또 그 소리야? 제 인생은 제가 알아서 해요."

결국 "그러려면 나가서 네 멋대로 살아!"라는 말까지 나오고 말았다.

미래를 그려보는 시간 여행

박 여사는 아들의 인생에 깊이 개입할 욕심은 없다며, 그저 아들이 마음을 조금만 열어 보여줬으면 했다. 말을 걸면 한두 마디로 입을 막아버리니 서운하고 외로웠다.

아들은 대화를 시도하려는 어머니에 대해 어떤 생각을 하고 있을까? 아들의 입장이 되기 위해 그녀와의 코칭은 NLP(Neuro-Linguistic Programming, 신경언어 프로그램)를 응용해, 아들의 미래를 그려보는 시간 여행으로 시작했다. NLP는 언어와 비언어인 오감의 상호 작용으로 경험과 인식을 끄집어내는 심리학 기법으로, 이를 이용하면 일상의 대화나 행동에서 미처 알지 못했던 감정까지 드러나게 된다.

- 귀가하는 아들을 쳐다보는 어머니의 표정을 떠올려보세요.
- 어머니를 대하는 아들의 표정은 어떤가요?
- 아들이 옆에 와서 앉는다고 상상해 보세요.

- 지금 무슨 대화를 나누고 있나요?

오감을 통해 아들과 함께 있는 장면을 떠올리는 그녀의 얼굴엔 여러 모습이 그려졌다. 눈동자가 빠르게 움직이고 입술을 앙다물기도 했다가, 손을 머리에 갖다 대며 얼굴을 찌푸리기도 했다.

"몇 번 망설이다 겨우 하는 질문인데도 아들은 짧은 대답으로 제 입을 막아버리고 곁에 오래 머물지 않아요. 늘 제가 채근하는 모습이고, 아들은 바쁜 척 나가거나 제 방으로 들어가 버립니다."

- 그럼 이제 미래로 가겠습니다. 5년 뒤 아들이 어떤 모습이면 좋을지 상상해 보세요.
- 누구와 함께 있나요?
- 어떤 얼굴과 표정을 하고 있나요?
- 어떤 소리가 들리나요?

눈을 감고 고개를 약간 치켜든 그녀의 얼굴에 현재를 상상할 때보다 더 섬세하고 강한 변화가 나타났다. 입꼬리가 크게 올라가고 콧잔등이 조금 실룩였다. 2분이 넘는 미래로의 여행을 하고 눈을 뜬 그녀 얼굴에 미소가 번졌다. 그녀는 아들이 다정하고 어여쁜 아내와 건강한 아이와 함께 부모의 집으로 다니러 오는 모습을 상상하니 벌써부터 행복해진다고 했다.

- 이번에는 아들이 원하는 10년 뒤의 모습을 상상해 볼까요? 아드님은 어떤 미래를 그리고 있다고 생각하세요?
- 아들은 지금 어디서 누구와 함께 있나요?
- 아들이 무엇을 할 때 가장 행복해 보이나요?

고개를 숙이고 손바닥으로 이마를 가린 그녀의 얼굴에는 변화가 크게 나타나지 않았다. 망설이는 듯 그녀가 말했다.

"그러고 보니 아들이 어떤 인생을 원하는지 진지하게 생각하거나 물어본 적이 없었네요. 제가 원하는 아들의 미래는 금방 그려지는데, 본인이 원하는 미래의 모습은 어떤 건지 바로 떠오르지 않아요. 늘 어디 가냐, 누구 만나냐, 결혼은 언제 할 생각이냐, 제가 하고 싶은 말만 한 것 같아요."

"아들이 원하는 미래를 어머니도 함께 그릴 수 있기 위해서 해야 할 일이 있다면 무엇일까요?"

나의 질문은, 자신이 원하는 아들의 모습을 그려놓고 그 모습이 되라고 다그치기 이전에 아들이 원하는 미래를 상상하며 대화하고 지지하고 격려할 수 있는 어머니가 되는 방법에 대한 것이었다.

"아들에게 질문부터 바꿔야겠다는 생각이 드네요. 대화를 원하도록 하는 질문으로요."

엄마의 경청으로 아들의 마음을 열다

그다음 코칭 시간에 그녀는 아들에게 해야 할 질문들을 만들어왔다.

"10년 뒤 네가 원하는 인생은 어떤 모습이야?"

"그런 모습이 되려면 결혼이 필요하다고 생각해? 어떤 결혼 생활이 너의 행복에 도움이 될까?"

"요즘 만나는 여자는 어떤 매력이 있니? 너의 어떤 점을 그 사람이 좋아하는 것 같아?"

"그런 너의 미래를 위해서 엄마나 아빠가 무엇을 도와주면 되겠니?"

그녀는 아들과 그런 대화를 해본 적이 없었다. 최근 몇 년간은 늘 뭔가 지적하는 말투로 아들에게 말을 걸었고, 그에 대해 아들은 짧은 대답으로 대화를 끝내곤 했다. 코칭 대화를 통해 박 여사는 자신이 아들을 여전히 청소년기 아이를 대하듯 보호자의 태도로 대해왔음을 깨달았다.

그때부터 코칭 이슈는 '아들의 말에 경청하기'로 바뀌었다. 집중해서 온 마음으로 듣는 경청은, 인내하고 집중하며 상대의 컨디션에 자신을 맞추는 태도이다. 말하는 상대의 속마음까지 충분히 이해하면서 듣기 위해서는 진정성 있는 의지와 상당한 에너지가 필요하다.

박 여사는 아들의 역할을 하는 나를 상대로 롤 플레이를 했다. 질문을 하나씩 할 때마다 조용히 기다리면서, 아들의 대답을 최소한 3분 이상 듣는 경청의 태도를 되풀이하며 훈련했다. 그녀는 여러 방향으로 상상해서 내놓은 나의 대답에 웃으면서 침묵하거나 간단간단히 되물었다.

"듣고 있는 게 생각보다 힘드네요. 1분 이상 침묵하는 게 쉽지 않아요. 자꾸만 내 의견을 성급하게 말하고 싶어집니다."

듣기를 잘하는 사람은 단지 말 그대로만 듣는 것이 아니라 숨어 있는 감정과 소망, 가치관과 열정에도 귀를 기울인다.

세 번의 코칭을 통해 듣기 훈련을 한 그녀는 이를 아들에게 적용했고, 다음 코칭 때 그 느낌을 들려주었다.

엄마의 질문을 들은 아들은 처음엔 크게 웃었다고 한다.

"엄마 같지 않게 왜 그래?" 그러고는 이내 "엄마, 우리 맥주 한잔 마시며 얘기해 볼까?"라고 했단다.

박 여사는 자신이 묻는 말에 아들이 모처럼 짜증내는 기색 없이 진지하게 응답해 와 놀라고 들떴다. 그녀는 아들과 2주 동안 세 차례의 대화 시간을 가졌다.

"간섭하거나 충고하지 않고 주로 듣기를 하는 대화는 처음이었어요. 아들도 처음엔 어색해하더니 점점 편안하고 즐거운 태도가 되었고요."

그녀는 매월 셋째 주 화요일에 아들과 얘기를 나누는 '세화팅'(세 번째 화요일의 미팅)을 하기로 했다.

"너무 오랫동안 제가 아들의 겉모습만 봐왔나 봐요. 사려 깊고 진지한 면을 새삼 알게 되어 놀랍고 대견합니다. 그동안 일방적으로 다그쳤던 저의 태도를 반성했어요."

자신의 견해에만 집착하는 마음

아무리 특별한 의도 없이 내뱉는다 해도 우리가 하는 말에는 자신의 의견이 들어가게 마련이다. 특히 부모라면 자녀에 대한 기대나 걱정 때문에 자신의 가치관과 견해를 주입하려는 의지가 알게 모르게 작용한다. 대학을 졸업하고 직장을 갖고 경제 독립을 한 자녀는 이미 본인의 세계를 확립하고 있는데도, 부모가 자녀의 가치관이나 미래에 관심을 두기보다 여전히 자신이 원하는 대답을 들으려는 질문만 한다면 진정한 소통은 어렵다.

불교에서는 자신의 의견이나 견해에 집착하는 마음을 '사견私見'이라 하여 불선심不善心의 하나로 본다. 이 사견에는 상대를 자신의 마음대로 통제하려는 욕심이 들어가 있다. 사견에 매달리는 부모는 자녀의 말을 듣기보다 자신의 감정과 소망을 먼저 말하는 습관을 갖기가 쉽다. "엄마니까 이런 말을 하지" "아직 너는 어려서 몰라. 엄마 말 좀 들어"와 같이 자녀를 미숙하게 여기고 자기의 경험과 지식을 학습시키려 한다.

이런 대화는 자녀의 입을 닫게 만드는 날카로운 무기가 된다. 부모가 본인의 뜻대로 조종하려는 욕심을 버리고 자녀가 하는 말에 관심을 보이며 공감할 때 자녀는 부모가 자신을 이해한다는 느낌을 받는다.

집중하며 경청하는 자세는 상대에게 다가가는 제일 좋은 방법이다. 듣기만 잘한다면 누구와도 좋은 관계를 유지할 수 있다. 외롭거나 고민이 있을 때 누군가와 함께하고 싶다는 것은, 내 말에 귀 기울여주는 누군가가 있기를 바란다는 뜻이다. 제대로 듣지 않고 말하기 바쁜 우리는 상대의 말을 귀담아듣지 않고 빨리 끝나기만을 기다리면서 자신이 할 말을 생각하기에 바쁘다. 결국 끽자 자기가 할 말만 하느라 소통은 어렵고 마음은 전해지지 못한다.

경청은 훈련으로 가능하다. 처음에는 인내가 필요하지만 노력하다 보면 집중력과 주의력이 높아지고 그 힘으로 점차 듣기가 수월해지는 선순환이 이루어진다. 듣기를 즐길 때가 되면 스스로 성장했다는 느낌이 들면서 더욱 성숙한 대화를 즐길 수 있다. 잘 듣는 사람의 표정은 훈훈하고 편안하다. 무엇보다 어느 자리에서든 환영받게 된다.

일상에서 해볼 수 있는 듣기 기술

1. 우선 말하는 사람과 시선을 맞춘다. 상대의 말에 집중하면서 교감을 시작한다.

2. 표정과 몸의 움직임으로 공감을 나타낸다. 고개를 끄덕이고 눈을 깜빡거리거나 "네~" "그랬군요" 등 짧은 감탄사로 잘 듣고 있음을 전한다.

3. 사이사이에 경청하고 있다는 표시로 상대의 말을 간략하게 줄여서 되묻거나 주제를 분명하게 하는 질문을 한다.

4. 상대의 말이 끝나면 바로 자신의 의견을 달거나 다른 화제로 돌리지 않고 30초 이상 여운의 시간을 가지며 침묵한다.

5. 무엇보다 진심을 담아 듣도록 한다. 상대의 말에 담긴 감정과 마음에 관심을 가진다. 듣기 훈련이 잘될수록 관찰력이 늘

어나고 말하는 이의 표정과 말투, 다양한 감정 변화를 잘 알아차리게 된다. 남의 이야기에 흥미를 느끼며 듣다 보면 공감하는 능력이 생기고, 이야기를 따라가면서 상상하는 즐거움을 알게 된다.

삼업三業은 몸과 마음과 입으로 짓는 세 가지 업을 말한다. 그중에서도 입으로 짓는 구업口業은 짓기는 쉽고 없애기는 어려운 평생의 업보가 된다. 이 구업을 짓지 않기 위해 스님들은 종종 묵언 수행을 한다.

묵언은 산사에서뿐 아니라 일상에서도 마음을 닦을 수 있는 최고의 수행 중 하나이다. 마음이 어지럽고 허전하여 누군가에게 많은 말을 쏟아냈는데, 결과적으로 더욱 허허롭고 기분이 가라앉는 경험을 누구나 해봤을 것이다. 내뱉은 말은 주워 담을 수 없으니 잘못 뱉은 말을 무마하느라 또 다른 말들을 하게 되는 어리석음에 빠진다. 앞서서 말하기보다 상대의 말을 경청하고 "그런가요?" "그렇군요" 같은 말로 공감하면서 담담하게 침묵하는 습관을 들여보자.

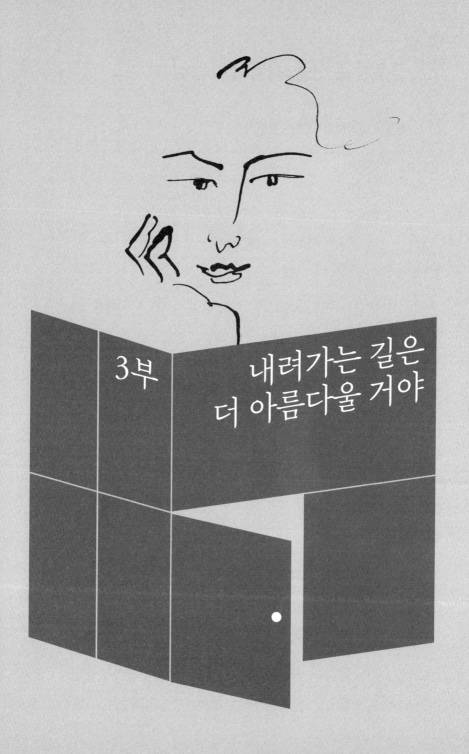

3부 내려가는 길은
더 아름다울 거야

금주가 준 선물, 저녁이 있는 삶

마음을 바라보고 챙기는 훈련하기

코칭 단골 이슈 중 하나가 여성에겐 다이어트, 남성에겐 금주이다. 그만큼 자주 결심하고 시도하지만 중도 실패율이 높은 미션이라는 뜻이다. 영업 업무를 하는 50대의 기택은 일의 연장으로 술자리가 잦았고, 일상의 걱정거리도 술로 잊는 음주 생활에 익숙해져, 매주 서너 번은 취하도록 술을 마셨다. 지금껏 해오던 일을 마무리하고 인생의 시즌 2를 준비하려는 지금, 기택은 새로운 도전에 가장 큰 장애가 음주 습관임을 새삼 깨달았다. 저녁 시간을 술자리에 빼앗기다 보니 필요한 공부나 운동을 시작하기가 어려웠다.

점점 심해지는 주사酒邪도 금주해야 하는 큰 이유 중 하나였다. 지난 명절에는 일가친척이 다 모여 집안 대소사를 의논하는 자리에서 사촌형에게 소리를 지르고 쌍욕을 해대는 일까지 일어났다. 뒷날 아내에게 자세히 전해들은 그는 자신이 너무 한심해 견딜 수가 없었다. 여러 번 시도했으나 실패한 금주를 이번에는 꼭 성공해야겠다고 결심했다.

술이 주는 기쁨, 술이 주는 고통

나는 술이 기택에게 주는 의미를 찾는 것으로 코칭 대화를 시작했다. 그 폐해를 알면서도 끊지 못한다면 그만큼 이롭고 즐거운 뭔가도 있는 것일 테니 말이다. 어쩔 수 없이 술을 마시는 거라고 핑계 대며 금주를 주제로 들고 오는 다른 사람과 달리 그는 망설이지 않고 술을 예찬했다.

"술이 주는 즐거움이야 많지요. 오랜 친구나 다름없어요, 흐흐. 힘든 일을 끝내고 홀가분해졌을 때, 일이 잘 풀리지 않을 때, 친구들과 편안한 만남에도 특별한 일이 없으면 무조건 술 한 잔으로 시작합니다. 그러다 보니 좋아서도 한 잔, 우울해서도 한 잔, 늘 술을 찾습니다. 해가 지려고 하면 힘들다가도 기운이 나요. 그때가 술시죠. 취하면 기분이 좋아지고, 걱정하던 일이 별거 아닌 것처럼 느껴지고, 평소에 못할 말도 용기 있게 하게 돼요. 이렇게 좋은 술이 부작용이 없다면 얼마나 좋을까요? 그걸 발명하면 노벨상감이라 생각해요."

"술이 그렇게 편안하고 좋은 친구인데 멀리하려는 이유가 무언가요?"

그렇게 좋은데도 끊을 결심을 했다면 얼마나 문제가 많았기에 그런 건지 한 번 더 돌아보도록 한 질문이었다.

"술을 마실 때는 즐겁지만 그 후유증과 부작용이 점점 커지고 있어서요. 숙취로 고생하는 시간도 길어지고요. 40대까지만 해도 몇 시간 더 자거나 사우나라도 다녀오면 거뜬해지곤 했는데, 이제는 뒷날 오후까지도 두통과 속쓰림에 시달립니다. 푹 쉬고 잘 먹으면 회복되던 나이가 지난 거죠. 당연히 건강도 나빠졌고요. 의사가 지방간이 심하다고 강력하게 경고하더군요. 취중에 지인에게 하지 말아야 할 행동이나 말을 하는 경우가 많아 대인관계에 문제가 생기기도 해요. 매번 그러면서도 술을 줄이지 못하는 나 자신이 한심하게 느껴져, 최근에는 술에서 깨어나면 음주 우울증이라고 할 정도로 기분이 좋지 않습니다."

그가 꼽는, 술을 멀리해야 하는 이유는 다섯 손가락이 모자랄 정도로 많았다.

"술을 마시느라고, 또 술에서 깨느라고 버리는 시간이 아깝다는 생각도 최근에 많이 합니다. 지금 일을 곧 마무리하고 새 일을 찾아야 하는 시기인데, 뭘 새롭게 해볼 엄두를 내지 못하고 있어요. 이 습관을 근본적으로 바꿔야 할 것 같아요."

술을 마셔 생기는 해악이 이렇게 많은데도 끊지 못하는 이유가 뭘까 궁금했다.

"술을 마시지 않아서 생기는 불편함이나 곤란한 점은 뭔가요?"

"사실 술을 끊겠다는 결심을 유지하기가 어려운 거지요. 금단 증상 같은 게 생겨요. 머릿속은 맑은 것 같은데 기분이 우울해요. 사는 게 재미가 없다고나 할까요? 해가 질 때 맥주 한 잔의 유혹은 참으로 간절하죠. 집에 일찍 들어가는 게 어색하고 심심하게 느껴지기도 하고요."

술을 끊지 못하는 이유도 술의 해악만큼이나 여러 가지다. 개인의 의지만으론 끊기 어려운 상황 탓까지 여기에 더해진다.

"만나자는 약속이 대개 술을 마시는 모임이어서 술을 피하려면 사교하기도 힘듭니다. 특히 대학 동창으로 30년 지기인 친구들과 하는 술자리는 포기할 수 없는 재미죠."

이럴 때 저울 요법을 쓰면 자신이 원하는 바를 분명하게 알게 된다.

"술을 마셔서 생기는 나쁜 점과 마시지 않아 생기는 곤란한 점을 상상의 저울 위에 놓고 한번 달아보시죠, 어느 게 더 무거운지……"

기택은 망설임 없이 대답했다.

"당연히 술 마셔서 생기는 해로움이 더 무겁지요. 그래서 결심도 여러 번 한 거고요."

"그렇게 금주를 여러 번 시도했는데 무엇이 부족해서 성공 못했다고 생각하시나요?"

"술자리 만남을 무조건 피하기는 어려우니 술자리에는 가되 미리 양해를 구하고 저는 마시지 않는 방법을 택했어요. 그런데 취하지 않고 오래 앉아 있는 그 자리가 너무 지루하고, 술을 보면서 안 마시기가 힘들더라고요. 꾹 참다가도 한번 무너지면 끝입니다. 아예 술자리에 나가지 않아야 하는데 그 시간에 달리 뭘 해야 할지 잘 모르겠습니다."

혼자 애쓰면 되는 의지의 문제라면 어떻게든 견뎌보겠지만, 큰 즐거움인 친구들과의 술자리를 포기하자니 너무 힘들다고 그는 강조했다. 또 홀로 지내는 시간에 무엇을 해야 할지 막막하고, 일상에 변화를 주려니 그 또한 두렵다고 했다.

그 두려움을 없애기 위해 긍정적인 쪽으로 대화의 방향을 틀었다. 술을 끊어서 생기는 여러 결핍이 아니라 술자리를 대신하는 다른 무언가가 줄 이득 쪽으로 눈을 돌리게 했다. 지금의 모습과 달라져서 생길 긍정적인 효과를 기대하면 변화의 동기가 강해지게 마련이다.

"바쁘다는 핑계로 미루어놓은, 평소에 하고 싶었던 일은 없나요? 술자리에서 시간을 보내는 대신 그 일을 한다면 어떤 변화가 있을까요?"

술이 있는 저녁과 술이 없는 저녁을 직접 비교하기 위해 나는 그에게 그림으로 표현해 보기를 권했다.

"그림이요? 그걸 어떻게 그리죠, 어려운데?"

"그 정경을 구체적으로 묘사할 필요는 없고요, 그냥 이미지로만 표현해도 됩니다. 어릴 때 그림 그리던 것처럼 간단한 선이나 색깔로 표현해도 되고요."

색깔과 간단한 선만으로도 우리는 원하는 이미지를 충분히 그려낼 수 있다. 이럴 때 그림은 사실의 묘사라기보다 마음을 보여주는 시각화된 언어이다.

기택은 술 마시는 날은 회색빛의 헝클어진 실타래 같은 느낌으로 묘사했다. 그에 반해 술을 마시지 않고 운동을 하거나 뭔가를 배우는 시간은 선이 굵고 힘차게 뻗었으며 화사한 색깔로 나타났다. 나는 그 그림을 놓고 기택에게 자세한 설명을 붙여보도록 했다.

회색빛 헝클어진 실타래는, 일주일에 세 번 이상 하루에 서너 시간씩 술을 마시느라 허비하는 시간과, 어쩌다 일찍 들어가는 날이나 주말에도 피곤해서 누워 빈둥거리는, 멈추거나 죽어 있는 시간을 묘사한 것이라고 했다. 그 옆의 밝고 화사한 선과 동그라미는, 술자리를 하지 않는다면 그 시간에 하고 싶던 운동이나 그림 그리기, 악기 배우기를 하는 상상의 표현이었다. 그리고 상쾌한 컨디션으로 가족과 함께 보내는 시간을 표현한 것이기도 했다.

음주 생활과 금주 생활을 이미지로 표현해 비교해 보니 전에는 막연히 '이젠 바꿔야 하는데' 하는 정도로밖에 들리지 않던 마음의 소리가 아주 명확하게 들리는 듯했다. 기택은 간절하게 잿빛의 시간을 밝은 화사함으로 바꾸고 싶어졌다.

"친구들에게도 다른 활동으로 시간을 보내자고 제안해 봐야겠어요. 함께 수영이나 스쿼시 같은 운동을 해도 좋고, 주말에 부부 동반으로 등산을 해도 좋겠네요. 친구들이 따라주지 않으면 한동안은 왕따가 되더라도 술자리를 피해서 이번에는 금주에 꼭 성공해 보려고요."

그 상쾌하고 화사한, 저녁이 있는 삶을 갖고 싶다는 마음이 커지는 만큼 기택은 술자리를 피하는 그 곤란함과 외로움에 맞설 용기가 커지는 것을 느꼈다. 다음날로 그는 헬스클럽에 등록했고, 문화 센터에 가서 연필 드로잉 강좌도 신청했다. 이후 주 1회, 그는 어떻게 그 결심을 실천하고 있는지 자신의 변화를 문자 메시지로 나와 공유했다.

현재에 머무는 일상의 마음챙김 훈련

한 달이 지나자 기택은 "새로운 일정을 애써 지키고는 있지만 자주 나타나는 금단 증상이 힘들다"고 토로해 왔다. 의지로 어떻게든 견디어볼 결심이었지만 상황이 닥치고 보니 생각보다 힘들다는 호소였다.

나는 금단의 고통을 줄이는 해법으로 '마음챙김'을 해볼 것을 추천했다. 불교에서는 '정신 의존증'이라 할 수 있는 모든 중독을 갈애渴愛에서 비롯된 집착으로 본다. 타는 목마름이라는 뜻인 갈애는 자극에 대한 갈망이나 채우지 못한 열망의 열병을 말한다. 집착은 또다시 집착을 불러 이것이 오래되면 습관이 되는데, 이렇게 습관이 된 상태가 곧 중독이다. 습관으로 굳어지면 쉽게 사라지지 않는다. 이런 습관이 쌓이면 업業이 되고, 이 업은 감각의 만족을 원하는 갈애를 끝없이 불러일으킨다. 알코올 중독은 대표적인 갈애의 하나이다.

갈애에서 벗어나는 가장 평화로운 방법이 바로 명상이다. 명상의 알아차림과 깨어 있음으로 감각의 의존에서 벗어나 고요함과 평안으로 들어갈 수 있다. 본격적인 명상이 어렵다고 느끼는 분들에게 나는 우선 마음챙김 명상을 권한다. 명상에 깊이 들어가는 것이 수련에 가깝다면, 마음챙김은 일상에서 주의력을 집중하는 훈련의 하나로, 별다른 준비 없이 실제 생활에서 바로 실천할 수 있다.

어떤 것에 주의를 집중하면 소소한 잡념이 사라지고 들끓던 마음이 고요히 가라앉는 경험은 누구나 해보았을 것이다. 자신의 마음을 들여다보고 지금 어떤 감정이 일어나고 있는지 알아차리는 것이 마음챙김이다. 외부의 자극이나 현상에 휘둘리는 마음을 붙들어서 내면으로 가져오는 훈련이다. 즉 내 안에 있는, 자신을 바라보는 '관찰자로서의 나'를 강화하는 훈련이다. 초보자에게는 의식을 호흡에 집중하는 방법이 가장 쉽다. 호흡에 집중하기 어렵다면 단전에 집중하는 것도 좋다. 나는 이 방법을 많이 쓴다.

먼저 두 손을 아랫배에 포개 놓는다. 그리고 가능한 한 깊은 숨을 쉰다. 들숨일 때 코로 들어간 숨이 아랫배에 닿는 것을 느낀다. 배 아래에서 작은 풍선이 부푸는 느낌이다. 그리고 날숨을 내쉴 때는 마치 그 풍선이 서서히 꺼지는 것처럼 아랫배가 조여드는 것을 느낀다.

최소 3분 정도 지속해 본다. 물론 마음이 한 곳에만 머물 리 없다. 3분은 한 가지에만 집중하기엔 꽤 긴 시간이니까. 긴 시간이고 말고! 단 1초도 한 곳에 머물지 않고 이리저리 마음이 날뛰고 있다는 것을 마음챙김을 해보면 더욱 뚜렷이 느끼게 된다.

괜찮다. 날뛰는 마음을 알아챘다면 제대로 마음챙김을 하는 거다. 알아차림awareness이 핵심이다. '오늘 아침은 뭐 먹을까? 냉동실에 빵이 있나? 어, 방금까지 단전의 풍선 놀이를 하고 있었는데 빵에 마음을 뺏겼군. 다시 단전으로 돌아가자.' 이렇게 알아차리면 된다는 의미이다.

처음에는 이런 생각의 널뛰기를 3분 동안 스무 번쯤은 할지 모른다. 냉동실의 빵을 떠올리던 마음이 어느새 한강에서 자전거 타기에 가 있다가, 오후에 만날 친구는 딸이 아기를 가져 이제 할머니가 된다는데 비슷한 무렵에 결혼한 우리 아들놈은 어떻게 된 걸까 하는 생각으로 옮겨갔다가, 어제 모임에서 내 피부가 까칠해 보인다며 안 보는 새 많이 늙었다고 한 친구가 새삼 얄미워졌다가…… 그러다가 문득 알아차린다. 내가 이 생각을 뭣 때문에 하고 있었지? 어떤 경로로 마음이 돌아다녔을까? 아차, 나 지금 마음챙김 중이었지? 다시 챙기자.

이런 많은 생각이 오가는 데 1분도 안 걸린다. 설마, 1분을 집중 못하느냐고? 해보시라. 나는 그랬다. 3분 동안 스무 번, 서른 번 넘게 날뛰던 생각이 점점 줄어 열 번이 되고, 다섯 번이 된다. 며칠 만에 되었느냐고? 아니다. 그렇게 되기까지 한 달 가까이 걸린 것 같다.

나는 아침에 눈을 뜨면 마음챙김 훈련을 잠시 하고 침대에서 일어난다. 백 살을 넘겨 산 어떤 할머니는, 잠자리에서 일어나기 전 밤새 내버려둔 몸의 마디마디에 자극을 주는 스트레칭을 수 분간 하고 일어나는데, 그게 자신의 건강 비결인 것 같다고 한 인터뷰에서 말했다. 그렇겠구나, 생각하고 가끔 나도 따라했는데, 요즘은 몸 챙김 이전에 마음챙김을 먼저 한다.

아침형 인간이라 꼭두새벽에 일어나는 날이 많다. 딱히 일어나서 뭘 하기도 애매한 시간이라 침대에서 한참을 비몽사몽 뒤척이다 일어나곤 하는데, 마음챙김을 하게 된 이후부터는 맞춤하게 할 거리가 생겼다. 마음챙김 수련을 생각한다면 덜 깬 아침의 잠자리에서 해보기를 추천한다. 다시 잠들어도 괜찮다. 오래 잡념에 시달리는 것보다는 마음챙김을 하면서 잠드는 게 더 낫다. 반복하다 보면 조금씩 맑아지는 정신으로 제대로 할 수 있게 된다.

지금 이 글을 쓰면서도 수시로 나는 일어서고 싶다는 생각에 사로잡힌다. 단어가 생각이 안 나서, 글이 막혀서만은 아니다. 그냥 집중해서 생각을 풀어내는 행위를 지속하기가 쉽지 않은 것이다. 일어나서 차도 한 잔 마시고 식탁 위의 초콜릿도 먹고 싶다. 예전에는 그럴 때 일어나서 팔을 휘두르는 체조를 하거나 물을 마시거나 했지만, 지금은 아랫배에 손을 대고 짧은 마음챙김을 한다. 그저 마음이 날뛰는 꼴을 보는 것이다. 그러다 보면 그 횟수가 줄어든다.

《너덜너덜 기진맥진 지친 당신을 위한 마음챙김 안내서》라는 긴 제목의 책을 쓴(원제는 그보다는 짧다.《*A mindfulness guide for the frazzled*》) 루비 왁스가 알려준 3분짜리 마음챙김이 있다. 나도 이정도는 말할 수 있겠지만 그녀가 먼저 말했으니 밝힐 수밖에.

3분 마음챙김 호흡

1. 의식의 초점을 마음속의 모든 생각을 향해 열어둔다. 모두 받아들이고 마구 뛰어놀게 해준다. 좋은 생각, 나쁜 생각, 추한 생각을 1분 정도 흩어지게 놔둔다.

2. 의식의 초점을 바늘 끝만큼 좁혀 호흡의 감각에 맞춘다. 코에서 목을 거쳐 가슴이나 복부로 이어지는 심호흡에 의식을 집중하고 들숨에 늘어나고 날숨에 줄어드는 폐를 느낀다. 1분 후에 놓아준다.

3. 이제는 온몸을 지나는 호흡으로 초점을 확대한다. 머리끝부터 몸통을 거쳐 발끝까지 채워지는 들숨과 비워지는 날숨을 거대한 풀무처럼 느껴본다.

물론 처음에는 1, 2, 3의 과정마다 여러 잡념(가끔은 쓸 만한 아이디어도 들어 있다)이 숨보다 빠른 속도로 드나든다. 그걸 알아차리면 된다. 그러다 보면 그 잡념이 조금씩 줄어들고 마음이 평화롭고 따뜻해지는 기분을 조금씩 느끼게 된다. 나는 그랬다. 여러분도 반드시 그럴 것이다.

다시 강조하자면 마음이 어떻게 날뛰고 어떻게 잠잠해지는지 알아차리는 것이 중요하다. 알아차리면 뭐하느냐고? 알아차리면 떠도는 마음을 다시 현재로 데려올 수 있다. 마음이 현재로 온다는 것은 지금을 산다는 것이다. 지금의 순간을 온전하게 체험한다는 것이다. 처음 마주하는 아름다운 풍광이나 음악, 그림에서 느끼는 감동에 가슴이 벅차오르는 생생한 감각의 체험을 누구나 기억할 것이다. 그런 순간이 현재를 사는 순간이다.

이런 생생한 감각의 상태를 '활발발活潑潑'하다고 말한다. 살아 있고 물방울이 튀듯이 유동하는 마음이다. 주의를 집중하지 않으면 이런 마음은 아주 짧은 순간에 스치고 지나버린다. 해가 떠오르는 가슴 벅찬 순간을 마주하고도 사진을 찍느라, 소원을 비느라 언제 그 순간이 지나버렸는지 몰랐던 경험이 있을 것이다. 여러 잡념과 불안이 우리 마음을 빼앗아 날뛸 때 그 마음을 알아차려 다시 '지금'으로 돌아오는 훈련이 마음챙김이다. 마음챙김으로 현재 이 순간에 머무르게 하고 과거의 자책과 미래의 불안 같은 낡은 감정으로 떠도는 습관을 끊어낼 수 있다.

금단의 자잘한 고통을 알아차리다

기택은 아침에 눈을 뜨면 3분간 마음챙김부터 시작했고, 술 생각으로 금단 증상이 나타날 때도 마음챙김을 하려고 노력했다.

"3분이 그렇게 긴 시간인 줄 몰랐어요. 처음 몇 번은 언제 타이머가 우는지만 기다렸다니까요. 그러다 아차, 호흡에 집중해야지 하다가 또 다른 생각이 들고 그랬죠."

해가 질 무렵이면 금단 현상이 심해진다고 하던 그는 버스 안에서도 눈을 감고 마음챙김을 하려고 노력했다.

"진땀이 나고 목이 마르고 하던 그런 증세가 마음챙김을 하고부터 조금씩 견디기가 쉬워졌습니다. 그 감정에서 도망가려고 하지 않고, 그것의 정체가 무엇인지 알려고 해보았어요. 그 고통을 마주해 보고 다시 호흡으로 돌아가고, 다시 그 고통이 느껴지면 '이게 알아차림이라고 했지' 하면서 다시 호흡으로 돌아가고는 했습니다. 그러다 보니 그 마음이 어떻게 흘러가는지 조금 보이기 시작하더군요. 무척 신기한 경험이었습니다."

술을 마시던 즐거움은 이미 과거의 일이 되었는데도 여전히 그것에 마음을 빼앗겨 현재에 머물지 못하는 마음이 금단 증상이다. 이럴 때, 과거를 헤매고 있는 자신의 감정을 관찰자의 위치에서 바라볼 수 있다면 그 감정이 곧 내가 아님을 알아차리게 된다.

기택은 마음챙김을 시작하고 다달이 변화해 가는 상태를 나와 공유했다.

"아직 금주를 완성한 건 아니지만 술을 끊으면서 느끼는 몸과 마음의 자잘한 고통을 알아차리고 바라보기 시작하면서 거기서 놓여날 수 있겠다는 자신감이 생겼습니다."

그는 성질이 급하고 집중력이 약하다고 여겨온 자신이 마음챙김을 하고 있다는 사실이 놀랍다고 말한다. 그러면서 주변 지인에게도 이 방법을 추천하고 싶다고 덧붙였다.

불안을 내려놓는 알아차림 코칭

순간순간 오가는 미망에서 벗어나다

섬세하고 찬란했던 사물들이 모두 제 색을 잃고 실루엣으로 꺼져가는 해질녘에 모두 안녕하신지 모르겠다. 해가 저물 때면 애써 밀어두었던 혹은 미처 눈 돌리지 않았던, 울적하고 어둡고 끈적한 감정이 슬며시 올라오며 마음을 휘저어놓기 일쑤이다.

'개와 늑대의 시간'이라고도 하는 이 어둑한 시간에 나는 '불안'의 감정을 가장 많이 느낀다. 오늘 아무 일도 일어나지 않았는데 괜찮은 걸까? 내일은 무슨 일이 생기지 않을까? 아무 일도 일어나지 않아 지루하던 일상에 뭔가 변화가 생기면, 기대보다는 나쁜 일을 예감하는 불안감이 앞서 온다.

아침에 이쁘고 환한 모습으로 출근했던 딸아이가 평소보다 귀가가 늦어 문자를 보냈는데 답이 오지 않는다. 30분이 지나고 한 시간이 지나도록 문자를 확인도 하지 않는다. 처음에는 회식이라도 하겠지, 시끄러운 데 있나 보다 했다가, 시간이 지날수록 무슨 사고라도 난 거 아닐까, 요즘은 밤늦게 술 취해 다니면 노리는 불한당이 많다는데…… 기어코 전화하고 만다. 받지 않으니 두 번 세 번. 그러다 들려오는 천연덕스러운 딸아이 목소리.

"응, 엄마. 이제 집에 가려고. 문자를 지금 봤어요. 지하철 타고 바로 갈게."

지나친 걱정에 민망해진 나머지 엄마는, 잘 거니까 들어와서 먹고 싶은 거 있으면 뭐뭐가 냉장고에 있으니 찾아 먹으라고 하고는 무사한 일상에 감사하며 잠을 청한다.

불안은 진화의 자연 선택이다

진화심리학으로 보면 인간의 모든 감정은 자신을 보호하고 안전하게 생존하기 위한 '자연 선택'의 결과이다. 왜 행복한 감정은 빨리 사라지고 불행하다고 여기는 시간은 오래 머무는 것 같은지 진화심리학이 잘 설명하고 있다. 인류는 오랜 시간 동안 오로지 유전자를 퍼뜨리는 데 유리한 선택을 해왔기 때문에, 인간의 감성 또한 생존과 번식에 유리하도록, 그러니까 불안한 상황이나 불행에 더 민감하도록 강화되어 왔다는 것이다. 언제 닥쳐올지 모르는 위험으로부터 자신을 지키기 위해 불안한 마음을 가지는 게 번식에 더 안전한 장치였다. 진화심리학은 인간이 감정의 노예가 되는 인과 관계를 밝히고는 있지만 그걸 해결해 주지는 못한다.

불교 사상을 철학과 심리학으로 접근한 흥미로운 책《불교는 왜 진실인가》에서 저자인 로버트 라이트는, 불안을 비롯한 인간의 감정이란 위험에 대비하기 위해 순간순간 느끼는 환영에 불과하다고 말한다. 그는 환영, 즉 미망迷妄에서 벗어나는 실제적인 방법론으로 마음챙김 명상을 체험해 보길 권한다.

"불교와 현대 심리학이 만나는 지점이 있다면 '인간에게는 일상의 삶을 지배하는 단 하나의 자아, 의식적인 주인이 없다'는 사실이다. 그보다는 매번 번갈아 쇼를 연출하는, 위임받은 다른 자아의 집합이 있을 뿐이다. 그리고 이 자아의 집합이 쇼를 연출하는 방법은 느낌을 통해서다. 그렇다면 쇼에 변화를 주는 한 가지 방법은 우리의 일상에서 느낌이 하는 역할을 변화시키는 것이다. 내가 아는 한 일상의 삶에서 느낌의 역할을 변화시키는 방법으로 마음챙김 명상보다 좋은 것은 없다. 인간의 마음을 탐구하는 좋은 방법인 마음챙김은 그저 자리에 앉아 마음의 먼지가 가라앉도록 놓아두면서 마음이 어떻게 작동하는지 지켜보면 된다."

부처가 2,500년 전에 이미 인간의 희로애락은 단지 미망일 뿐이며, 내면의 평안을 위해 그 얽매임에서 벗어나는 해탈을 향한 수행이 필요하다고 설파한 것은 대단한 통찰이며 진실이다.

우리의 DNA에 깊이 박힌 불안감은 현대에 와서도 하나의 생존 무기이며, 무한 경쟁과 끝없는 욕망의 크기만큼 덩달아 커지고 있다.

'아이를 더 열심히 돌봤어야 했어. 또래보다 처지는 것 같아.'

'내가 말을 잘못했나봐. 그 친구 표정이 안 좋았어. 나를 험담하고 다니지는 않을까?'

'계속 컨디션이 좋지 않은데 큰 병에라도 걸렸나?'

지난 잘못으로 좋지 않은 일이 생길 것 같은 불길함과 상황이 더 나빠질지 모른다는 걱정, 그럴 리 없다고 애써 불안을 떨쳐내지만, 또다시 새로운 불안이 찾아든다. 우리 삶은 불안을 없애기 위해 애쓰는 과정의 연속 같다. 많이 가질수록 빼앗길까 더욱 불안해지기도 한다. 우리가 매 순간 '행복'이라는 감정을 찾아 헤매며 갈구하는 이유도 이 불안이 우리를 좀처럼 놓아주지 않기 때문인지도 모른다.

불안을 관찰하고 그려보는 마음챙김

카드 게임으로 이슈를 정한 그룹 코칭에서 '불안'이라는 키워드를 선택한 40~50대 여성들의 고백은 끝이 없었다. "저도 그래요." "맞아요"라고 공감하며 나누는 이야기들은 '불길한 생각과의 전쟁'이라 할 만했다.

"가장 행복한 순간에 찾아와요. 아이가 너무 사랑스럽다고 생각할 때, '저 아이가 잘못되면 어떡하지? 나는 너무 불행해서 숨도 못 쉴 거야'라는 불안감이 갑자기 드는 거죠. '그런 끔찍한 일을 생각하다니 머릿속을 씻어내고 싶다' 도리질하면서도, 자꾸만 말도 안 되는 나쁜 일이 떠오르는 겁니다."

모두 맞장구를 치면서 근거 없이 불쑥불쑥 떠오르는 불안의 순간을 떠올린다.

"모임을 끝내고 돌아갈 때 마음이 어수선해요. 그 사람이 왜 그런 말을 했을까? 나에 대해 안 좋은 소문이라도 났나? 그 친구는 왜 표정이 언짢았지? 내가 말을 잘못했나? 그러면서 곰곰이 대화를 복기합니다. 그 말끝에 내가 뭐라고 대꾸했지? 내 말에 대한 반응이 어땠더라? 그런 생각을 계속하는 거예요."

"집에서 외출하면서 가끔은 두 번씩 다시 들어왔다 나갑니다. 가스 밸브는 제대로 잠겼는지, 전열기는 껐는지, 현관문은 제대로 닫았는지, 뭔가 마음에 걸리면 나가 있는 동안 극단의 사고까지 생각이 치닫는 거예요. 지금의 일상이 무너지면 어쩌지 하는 불안감이 늘 있는 것 같아요."

"내가 신경과민이겠거니 했는데 모두가 수시로 비슷한 불안 감에 휩싸인다니 놀라워요."

이유 있는 불안인지 일상의 감정인지 확인하고 싶어 내가 물었다.

"구체적으로 나쁜 일이 있거나 그럴 위험이 있는 특별한 순간에만 그런 감정에 휩싸이는 건가요?"

참석자들은 대답으로 자신의 감정을 자세히 털어놓았는데, 특별한 이유가 없이도 늘 불안한 마음이 한구석에 있었고 그 불안감이 심해질 때 대응하는 방식도 각기 달랐다.

"하나가 해결되면 다른 하나가 또 찾아와요. 그래서 이런 생각을 하죠. 괜찮아. 다른 걱정거리가 또 올 거고, 그러면 이건 마음 한편으로 사라질 거야."

"나는 가끔 노트에 쓰곤 해요. 근심 걱정을 하나씩 떠올려 그 원인을 짚어보고 해결하려면 어떤 준비가 필요한가 따져봅니다. 그렇게 해보면 사실 일어날 확률이 아주 낮거나 일어나더라도 충분히 처리할 수 있는 일이 대부분이에요. 근데 이게 또 문제예요. 그걸 하다 보면 밤에도 하지 않으면 불안해서 금방 잠들지 못해요. 잠들기 전에 화장실 다녀오는 거랑 비슷해요. 일기 쓰듯이 해버리는데 결국 불안 일기가 되어서 괜히 시작했다 싶기도 해요."

"그래서 그런 말이 있나 봐요. 우리가 걱정하는 일이 실제로 일어날 확률은 1퍼센트도 안 된다고요. 그러니까 정신 차리고 생각해 보면 걱정과 근심으로 세월 보내는 거더라고요. 아이 키우는 것도, 건강 염려하는 것도, 노후 걱정하는 것도 그래요. 모두 최악의 경우를 생각해서 준비하고 닦달하고 모으고 쟁여두고 그러는 거죠. 그러다가 순간 훅 가는 건데 말이죠."

순간 훅 간다는 말에 모두 소리 내어 웃었다.

"사실 인터넷이나 텔레비전이 불안감을 더 부추겨요. 저들처럼 화려하게 살지 않으면 나는 뒤처지는 것 같아 불안하고, 집값 오르니 무리를 해서라도 사야 할 것 같고, 뭐뭐 먹어야 하고 뭐뭐 준비해야 하고…… 따져보면 그거 언제 다 쓰고 무엇에 소용인가 싶은데 말이에요."

이들은 불안감을 꺼내어 모두에게 털어놓는 게 큰 위로가 된다고 했다.

"이런 말을 하면 정말 그 일이 일어나지 않을까 싶어 숨기고 있었는데, 여기서 함께 공감하고 대화하니 오히려 마음이 놓이고 그런 감정을 이겨낼 수 있겠다 싶네요."

모두는 불안감에 얽매여 동동거리는 마음을 표현하고 공감하다가 그 감정에서 놓여날 수 있는 일상 속 실천을 다 같이 해보기로 했다.

마음챙김은 이들이 당장 실천할 수 있는 최상의 방법이다. '불안감에서 벗어나기'를 이슈로 감정의 경험을 나눈 뒤 마음챙김을 통해 알아차림의 시간을 함께 가져보았다.

1. 지금 떠오르는 불안감이 어떤 것인지 표현한다. 여기서는 표정과 시선, 몸짓 등 몸의 모든 감각 기관을 언어로 사용할 수 있다. 나는 한 사람씩 무대로 나와 자신의 감정을 다양한 방법으로 묘사하게 했다.

"내가 집을 비운 동안 아이가 학원에 가지 않고 게임에 빠져 있을 것 같아 계속 마음이 쓰여요. 아까부터 전화로 확인하고 싶지만 참고 있어요. 잔소리하면 역효과 날까 봐요."

참석자 모두가 공감의 웃음을 터뜨렸다.

"다음 주에 새 제품의 광고 시안을 발표해야 하는데 준비를 못하고 와서 계속 그 불안감이 떠나지 않네요. 내일 돌아가서 끝낼 수 있을지."

"몇 달 전부터 위통이 있어서 내시경을 하고 결과를 기다리고 있는데 정말 불안해요. 위암이라는 선고를 받을 것 같아서요."

이들은 불안감을 묘사하는 동안 걸어 다니기도 했고, 앉아서 얼굴을 찡그리거나 한숨을 쉬기도 하고 몸을 떨기도 했다.

2. 매 순간 변하면서 달아나는 마음을 붙잡아 이 순간의 욕구와 감정을 알아차려 본다.

다시 자리에 앉아 가부좌의 자세로 돌아온 뒤 나의 리딩에 따라 호흡하면서 자신의 마음을 알아채는 마음챙김을 시작했다. 처음부터 길게 하지 않고 먼저 3분 정도 워밍업을 한 후 몸의 느낌을 나눈 뒤 다시 7~8분 정도로 늘려서 한다. 3분 마음챙김을 기본으로 최대 10분까지 늘려본다.

"몸의 한 곳을 닻이라고 생각하고 그곳에 의식을 집중합니다."

그룹으로 하는 만큼 나는 닻을 한 곳으로 통일해 주었다.

"숨이 들고 나는 코끝에 의식을 집중하세요. 코끝으로 들어온 숨이 가슴과 배의 어디 지점까지 들어가는지, 어떤 감각이 느껴지는지, 또 날숨을 쉴 때는 숨이 어디부터 시작되어 코끝으로 나가는지 그 움직임에 의식을 모으고, 코끝과 숨은 따뜻한지 어떤지도 느껴봅니다."

몸의 다른 부위로 의식이 가면 거기가 어디인지, 감각은 어떤지 알아차린 뒤 다시 코끝으로 돌아온다. 또 다른 생각이 일어나거나 마음이 다른 곳으로 가면 그 마음이 어디에 가 있는지, 무슨 생각을 하는지 알아차리고 다시 의식을 코끝으로 가져온다. 마음이 떠돈다고 자책하지 않는다. 마음은 아주 짧은 순간에도 수십 가지 생각으로 떠돈다. 그걸 알아차리면 된다. '이 모임이 끝난 후 점심은 뭘 먹을까 생각했군. 배가 고프네. 일단 의식을 코끝으로 가져가자고, 지금은!' 이런 식으로, 다시 의식을 집중하고 마음이 어디 있는지 알아차리고 또 집중하기를 계속 반복한다.

집중하는 시간이 조금 길어진다 싶을 때 감각을 예리하게 한다. 코끝을 스치는 숨의 양이 아까보다 많은지 적은지 따뜻한지 차가운지, 지금 이 숨이 들어가는 내 몸의 변화는 어떠한지 집중하여 살핀다.

3분 마음챙김을 하고 난 뒤 한 사람씩 알아차림의 느낌을 나누었다.

"3분 동안인데 셀 수 없이 많은 생각이 떠올라요. 무슨 경로로 그런 생각을 하게 되었는지 모를 정도로 천방지축 마음이 돌아다니더군요."

"코끝이 간질간질하고 자꾸 재채기가 나올 것 같아 숨을 참다가 내뿜고 참다가 내뿜고 했어요. 그러다 보니 다른 잡념이 덜 나긴 했어요."

"저는 코끝에 의식이 가 있다가 아랫배가 부풀어 오르는 것에 의식이 쏠리곤 해서 나중에는 아랫배를 닻으로 생각했어요. 거기가 부풀어 올랐다가 꺼졌다가 하는 걸 느끼며 수를 세고 있더라고요. 물론 사이사이 다른 생각도 했지요. 그걸 깨닫는 순간 얼른 마음을 다시 아랫배로 가져가면서 이게 마음챙김이구나 했어요."

이렇게 서로의 느낌을 간단히 나눈 뒤, 이번에는 7분으로 시간을 늘려 마음챙김을 해보았다. 좀 전에 말로 표현한 각자의 불안감을 떠올린 뒤 의식을 닻으로 옮겨가게 했다.

"위암에 대한 불안감이라고 특정하고 위에 의식을 두려고 하니 이번엔 생각이 또 다른 데로 달아나요. 그래서 쫓다가 '어? 내가 불안을 찾아다니네' 싶어서 바로 의식을 호흡으로 가져왔어요. 그걸 반복하다 보니 불안감이라는 감정에 내가 묶이지 않을 수 있다는 느낌이 들었어요. 신기한 경험입니다."

"나는 아랫배를 닻으로 삼았는데, 그곳에 의식을 모으다 보니 다른 데로 마음이 오래 떠다니지는 않았어요. 아이 생각을 하다가 바로 아랫배로, 또 아이가 지금 공부하지 않고 뭘 할까 생각하다가 바로 아랫배로, 그렇게 수십 번 했네요. 의식의 집중이란 걸 조금 알게 된 기분입니다."

이들이 말한 불안감은 각자에게 어떤 모양으로 느껴졌을까? 자신이 마주한 불안감에 대해 '좋다, 나쁘다' 하는 판단 없이 바라만 보고 집중한 다음, 마음챙김을 함께 하면서 두렵고 불편한 감정이 어떻게 달라졌는지 이야기해 보았다.

"딱딱한 느낌이에요. 아마 색깔은 검은 쪽일 것 같고요. 만져 보려고 하다가 두려워져서 물러났어요. 크기는 커졌다 작아졌다 해요."

"나는 날숨과 들숨을 크게 하면서 그 감정의 덩어리가 한쪽으로 물러나는 느낌을 받았어요. '어, 이것 봐라, 움직이네' 그런 생각을 하고 있더라고요."

자신의 불안감을 관찰하고 그 느낌을 표현해 보고, 그러면서 변하는 자신의 마음 상태까지 바라보게 되자 구태여 거기서 벗어나려 애쓸 필요가 없음을 알게 되었다고 했다. 느낌을 판단하지 않고 있는 그대로 받아들이자 불안감이 오히려 조금씩 줄어든 것이다.

이들은 불안에 꽉 붙들려 있는 게 아니라 불안을 조금 떨어뜨려 놓고서 바라보는 그 느낌이 무엇인지를 알아차렸다. 마음속에 있는 감정을 부정하고 외면하기보다는 인정하고 받아들임으로써 자신이 그 감정에 묶여 있었음을 알게 된다. 이때의 상태는 불안한 감정에 빠져 허우적대는 것과는 다르다. 마음챙김이 감정의 진행 과정을 파악하면서도 거기에 휩쓸리지 않게 해주는 것이다.

마음챙김을 한다고 해서 내면의 평화가 단번에 찾아오는 건 아니다. 다만 수시로 일어나고 변하는 마음을 있는 그대로 보고 있다는 느낌만으로 충분하다. 불안감 역시 순간순간 왔다 가는 감정의 미망일 뿐이며, 그 감정이 내가 아님을 알아차릴 수 있다면 그 순간이야말로 마음챙김을 제대로 하는 때일 것이다.

과거를 후회하는 그녀에게

현재에 머물며 온 힘으로 나아가야

한국에서 영화로도 만들어진 기욤 뮈소의 소설《당신, 거기 있어줄래요?》는 예순 살의 남자가 시간 여행으로 서른 살의 자신을 만나서 평생 후회해 온 과거의 한 순간을 바꾸는 이야기이다. 시간과 사랑에 대해 말하는 이 소설은 "만약 시간을 되돌릴 기회가 주어진다면, 인생을 어떻게 바꾸고 싶은가?"라는 질문을 던진다.

그때 그러지 말았어야 한다는 후회와 아쉬움 없이 사는 사람은 드물다. 시간을 거스를 수 없는 우리는, 때때로 불안하고 불만족스러운 현재에 대한 핑곗거리로 흘러간 과거를 들먹이는지도 모르겠다. 소설 속 주인공 엘리엇은 명망 있는 외과 의사로 성실한 삶을 살아왔지만, 한 가지 떨쳐버릴 수 없는 회한이 있다. 바로 사랑하는 연인을 사고로부터 구해내지 못한 것이다.

30년 전, 연인 일리나가 크리스마스 날 꼭 보기로 약속한 엘리엇을 만나러 4천 킬로미터나 떨어진 곳에서 날아오지만 의사 엘리엇은 위급한 환자를 치료하느라 그녀를 마중하러 가지 못한다. 화가 난 일리나는 다시 비행기를 타고 돌아간다. 그리고 그날 일리나는 자신이 수의사로 일하는 수족관으로 가서 범고래를 돌보던 중 범고래에 치여 숨지고 만다.

폐암으로, 살 수 있는 시간이 얼마 남지 않게 된 60대의 엘리엇은, 30년 전의 그녀, 일리나가 더욱 그리워진다. 그러던 어느 날, 캄보디아에서 만난 신비한 노인으로부터 과거로 돌아갈 수 있는 알약을 얻게 된 엘리엇은 과거로 가는 기회를 선택한다. 그는 깊은 잠에 빠지면서 30년 전으로 돌아가 과거의 자신과 일리나를 만난다.

그러나 두 사람이 미래를 함께할 수는 없다. 현재의 엘리엇에게는 다른 여자와의 사이에서 태어난 딸이 있는데, 만약 일리나를 살려 자신과 함께하게 되면 지금의 딸, 소중한 앤지는 존재하지 않게 되기 때문이다. 고민하던 엘리엇은 결국 일리나를 살린 후 미래의 딸 앤지를 위해 일리나와 헤어진다.

기욤 뮈소는 이 소설에서 시간의 장벽을 통과하여 인생을 다시 선택하는 인간을 그려 보인다. '만약 그때로 돌아갈 수 있다면' 하고 상상해 본 사람이라면 주인공에게 쉽게 감정이입을 하고 자신만의 시간 여행도 떠나게 되지 않을까 싶다.

시간을 되돌리고 싶다는 친구의 고백

영화를 보고 친구 몇몇이 모여 과거로 돌아가 단 한 가지를 바꿀 수 있다면 무엇을 바꿀 것인가로 대화를 나눴다. 아예 태어나지 않겠다는 염세주의자부터, 남편과의 소개팅에서 애프터 신청을 받지 않겠다는 족집게형, 스무 살 여대생으로 돌아가 지금과는 다른 멋진 인생의 설계도를 다시 그리겠다는 리셋형까지 있었다.

결혼 10년 만에 이혼을 해 혼자서 아이 둘을 키우며 힘들게 버텨온 친구는 종종 자신의 과거를 바꾸는 상상을 해보곤 한다고 고백했다.

35년 전 초가을의 어느 날, 그녀는 강원도 산골로 가는 기차를 타기로 결심했다. 어렵게 마음먹고 그녀가 면회 간 그날, 남자친구는 입대 1년 만에 하필 서울로 특별 휴가를 받아 나가 있었다.

"그날 남자친구를 부대에서 면회하고 왔으면 그렇게 절실하진 않았을 거야. 부대에서 신작로까지 한참 걸어 나오던 한적한 시골길이 아직도 생생하게 기억나. 곧장 서울행 기차를 타고 되돌아오면서 그날 반드시 그를 만나야만 할 것 같았어. 종일토록 혼자 기차를 타면서 그리움이 커졌고, 그 사람이 아주 소중하다는 느낌이 들었지. 그 갈망이 지금의 나를 만든 것은 아닐까 하고 뒷날 그 시간을 돌이키곤 했어."

서울로 돌아온 그날 밤 마침내 연락이 닿은 남자친구를 만났고, 그 남자와 미래를 함께하기로 하는 인생 최대의 선택을 하게 된다.

그녀는 가끔 상상한다. 그때 일선 부대로 가는 그 기차를 타지 않았더라면, 집으로 돌아와서 그 남자의 연락을 애타게 기다리지 않았더라면, 지금의 삶은 어떤 모습을 하고 있을까? 뷰티 샵과 골프장을 오가는 유한마담이라도 되었을까? 오래된 연인에서 가족이 되는 세상의 모든 커플을 한심해하며 독야청청 늙어가는 독신 여성이 되었을까?

가지 않은 길은 늘 강렬한 매혹을 남겨놓는다.

대학생으로 돌아가고 싶다는 친구는 연구자가 되고 싶었다는 아쉬움을 자주 토로하곤 했었다.

"나는 아직도 인간의 마음이 어떻게 돌아가는지 그 메커니즘이 궁금해. 대학에 가서 뭘 공부해야 하는지, 미래에 무얼 하고 싶은지 특별한 계획 없이 입시를 치르고 성적에 맞는 대학에 갔지. 어영부영 졸업하고 적당히 진입이 쉬운 곳에 취직하고 적응하며 살아왔어. 사실 이 업계에서 30년 넘게 일하며 먹고살았지만 일에 몰입하는 즐거움을 느낀 시간은 많지 않았던 것 같아. 그냥 무리 없이 해냈지. 나에게는 사람을 만나서 하는 일보다는 혼자 공부하며 일하는 게 더 맞는다는 생각이 들어.”

광고홍보업계에서 일해 온 그녀는 독립해서 그 업계의 외주 일을 따내 1인 기업을 하다가 최근에 은퇴했다. 몇 번 새로운 공부에 도전하려 했지만 여러 장애로 성공하지 못했다. 우리는 그 친구가 늘 자신이 관심 있어 하는 분야의 책을 읽고 온라인 정보를 습득해 전문가 못지않은 지식과 정보를 주변 사람들에게 나눠주던 모습을 기억하고 있다. 그럴 때면 그녀 얼굴엔 호기심과 순수한 지적 열망이 ‘반짝’ 하고 빛나곤 했었다.

가지 않은 길을 새삼스럽게 아쉬워하며 상상으로 탐색하던 그녀의 결론은 그러나 허무하게 끝났다.

“전공을 바꿔서 공부하고 그게 업이 되었다면 또 그것도 힘들고 지루했을지 몰라. 학자의 길을 간 친구들 보면 그 분야도 연구만 잘한다고 되는 게 아니더라. 괴로운 인간 관계가 많더라고. 과업이 아니라 지적 욕구로 공부할 때가 즐거운 거지.”

우리는 “따먹지 못한 포도는 시고 맛없을 것”이라는 〈여우와 신포도〉 우화로 이야기를 마무리하는 그녀에게 공감할 수밖에 없었다.

"게다가 꼭 하고 싶었으면 어쨌든 했어야지 뭐. 애 키우느라 힘들다, 벌어놓은 돈이 없다…… 모든 핑계 다 대고 현실에 굴복했으니 할 말도 없지. 공부를 다시 했다면 치러야 할 대가가 컸겠지."

그녀는 현실의 편안함을 택한 과거 자신의 선택을, 가보지 못한 길에 대한 환상으로 이제 와 새삼 후회하거나 자책하지 않을 정도의 현명한 나이가 된 것이다.

작은 날갯짓이 수많은 변수가 되는 인생

우리는 한순간의 선택이 태풍이 되어 돌아오기도 하는 나비 효과를 경험하며 산다. 브라질에서 잠시 펄럭였던 나비의 날갯짓이 텍사스로 건너와 엄청난 돌풍이 되었다는 '나비 효과'는 사소한 사건이 커다란 효과를 가져온다는 뜻만 있는 건 아니다. 거기엔 하나의 선택이 어떤 결과를 초래할지 예측할 수 없다는 의미도 있다. 하나하나의 선택에 따라 여러 다른 길이 이어지는 우리 인생은 그 여정 하나하나마다 다양한 변수가 있었고, 끝나지 않은 그 길에는 아직도 수많은 변수가 남아 있다. 가지 않은 길을 갈 수 있는 시간 여행이 가능하다면, 우리는 과연 과거의 선택을 바꿀까?

결혼에 실패한 친구가 과거로 돌아가 남자친구를 만나러 가는 그 선택을 하지 않았다고 하자. 다른 35년의 세월이 만들어놓은 그 인생 역시 여전히 복잡하고 이해할 수 없는 일들로 가득 차 있을지 모른다. 그리고 그 길에서 바라보는 지금의 삶은 그녀에겐 가지 못한, 한 편의 아름답고 소중한 모습의 또 다른 길이 되어 있을 것이다.

"내가 그때 다른 선택을 했더라면 지금과는 다르겠지만 그와 이룬 아름다운 시간은 없었을 테지. 무엇보다 내 소중한 두 아이가 없다고 생각하면 돌아가도 바꿀 수 있을지 자신은 없어."

심리학을 공부하고 싶었다는 친구도 막상 그 길을 걸었다면, 그 인생의 내리막에서 또 어떤 후회와 아쉬움을 말하고 있을지 모른다.

《당신, 거기 있어줄래요?》에서는 사고로 죽은, 평생 잊지 못한 옛 여인을 살리지만 바뀐 과거의 나비 효과로 인해 자신의 현재는 뒤죽박죽이 되어 있다. 이 영화는 순간의 선택이 인생을 바꿀 수 있었을지도 모르지만 지금 우리에게 소중한 것은 결국 현재라고 역설적으로 말한다.

과거를 되돌리고 싶다는 친구에게 아직도 많은 선택이 남아있다는 말을 해주고 싶다. 자신이 했던 오래전의 선택은 앞으로도 그 날갯짓을 계속하게 된다. 다만 기억할 것은, 과거에 한 선택의 결과인 지금의 나를 받아들이고 그 선택에서 무엇을 원했는지 떠올리며 계속해서 온 힘을 다해 자신이 원했던 바를 일궈나가는 것이 아닐까?

이혼의 힘든 과정을 겪은 친구는 그 남자를 선택하고 그와 함께 살았던 시간, 그리고 각자 인생을 가기로 한 뒤 싱글맘으로서 두 아이를 억척스레 키우며 살아온 시간, 그 모두가 나비의 날갯짓 같은 변수가 되어 그녀의 현재를 만들고 나아가 미래를 완성하는 중이다.

다른 공부를 하고 싶었던 친구 역시 30년간 열심히 일해 온 결과인 지금의 이 길이 그녀를 성숙시키고 나름 순탄한 인생을 이루게 했다.

"네 앞에 수많은 길이 열려 있을 때 그리고 어떤 길을 택해야 할지 모를 때, 되는 대로 아무 길이나 들어서지 말고 앉아서 기다려라. 네가 세상에 나오던 그날 내쉬었던 그 자신 있는 깊은숨을 들이쉬며 기다리고 또 기다려라. 그리고 마음이 너에게 이야기할 때 그때는 마음 가는 곳으로 가라."

《당신, 거기 있어줄래요?》에서 인용한 수산나 타마로의 이 글은, 마음이 가는 곳을 신중하게 선택하고 거기에 책임을 다하라는 의미로 읽힌다. 마음이 가는 곳을 향해 내린 선택이라면, 그 선택이 이끌어낼 수 있는 최선의 결과를 위해 계속 정진할 때 그 가치가 빛난다. 비록 그 선택에 후회가 따르는 순간이 있을지라도 자신의 마음이 가리키는 곳을 따라 들어선 길이라면 온 힘을 쏟아 계속 그 길로 나아가야 하지 않을까?

연기 속에 있는 삶, 온 힘으로 계속 나아가야

어제가 있어서 오늘이 있고 이것이 있어서 저것이 있다는 '연기緣起'는 우리 삶에 깊이 스며 있는 진리이다. 세상의 모든 사물은 홀로 존재하지 않고 종과 횡으로 얽혀 계속 변화해 간다. 모두가 서로 의존하고 있어 홀로는 독자적인 실체가 없다는 이 '연기'의 뜻에는 모든 것에는 각기 다른 것이 포함되어 있다는 의미도 들어 있다. 나와 네가 이어져 있으며, 내가 우주 속에 있고 우주도 내 속에 있다.

한 알의 사과를 생각해 보자. 우리는 사과가 동그란 모양에 빨갛거나 푸른색, 깨물면 과즙이 터지는 새콤달콤한 맛과 향을 가진 과일로 다른 사물과 구분되는 본질을 갖고 있다고 생각한다. 하지만 사과가 나무에서 이제 막 생겨나는 단계로 가보자. 사과나무에 떨어지는 빗방울, 그것을 흩날리게 하는 바람, 나무를 지탱하며 영양분을 공급하는 토양 등 그 모두가 사과나무를 성장시키고 동시에 나무의 본질을 구성하게 된다. 그 나무의 열매인 사과에도 비와 바람, 흙의 성분이 들어가 있으며, 그 사과를 내가 먹어 몸에 흡수되면 내 몸에도 비와 바람과 흙의 성분이 곳곳에 스며들게 된다. 궁극적으로는 우주 만물이 사과나무와 사과, 나의 존재를 구성하고 있는 본질에서 서로 이어져 있으며, 그 본질은 결코 같은 상태로 머물지 않고 매 순간 변화하고 있다.

연기의 법칙에 시간이 개입하면 더욱 변화무쌍해진다. 지난 과거는 자취가 없어진다. 지금 순간은 과거가 되고, 내일이 오늘이 된다. 오늘을 되돌려 어제로는 가지 못한다. 오늘을 살아 내일을 만드는 연기만이 우리가 선택할 수 있는 길이다.

과거로 돌아가면 헤어진 남편을 선택하지 않겠다는 친구는 이미 남편과의 연기로 두 아이의 세상을 만들었고 이들과 함께 미래로 나아가는 중이다. 두 사람이 헤어졌어도 그녀에게 혹은 남편에게는 이미 상대와의 인연이 스며들어 있다.

하고 싶었던 공부를 하기 위해 몇 번이나 도전하려 했다는 친구도 설령 여러 어려움을 딛고 도전에 성공했다 하더라도 그 대가로 포기해야 했던 상황이 조건이 되어 지금 그녀의 인생을 어떤 색으로 물들여 놓았을지 알 수 없다.

우리가 할 수 있는 일은 지금에 머무는 것, 과거를 후회하며 고통에 빠지기보다 현재를 살며 온 힘으로 계속 자신의 선택을 향해 나아가는 일일 것이다.

예순 고개에서 비로소 보이는 것들

느리고 평화롭게 살기 위한 제안

젊지 않은 나이가 되면 어떤 일이 생길까? 먼저 고유 명사부터 잊어버리는 기억력 감퇴가 가장 두드러진다. 임기응변이나 운전같이 순발력이 필요한 일이 어렵게 느껴지고, 지구력도(꾹참는 거 안 된다), 집중력도(여러 번 읽어야 하는 문장이 많아진다) 약해진다. 마음은 앞서가는데 몸은 예전 같지 않아 마음의 속도에 따라 움직였다간 탈이 나고 만다.

거시기가 거시기하고 거시기해서

친구와의 수다는 이런 식이 된다.

친구: "최근에 VOD로 그 영화 봤는데 좋더라."

나: "어떤 영화?"

친구: "아…… 제목이 기억 안 나네."

나: "누가 나온 건데?"

친구: "아, 씨…… 배우 이름도 생각 안 나. 걔 있잖아? 그 남자, 영상미가 끝내줬던 동성애 영화에 나왔던?"

나: "누구우~? 동성애 영화가 한두 편이냐?"

친구: "아이 참, 그 누구냐, 같이 나온 배우는 죽었잖아."

나: "아아아~"(역시 제목과 배우 이름이 바로 튀어나오지 않는다.)

친구: "그래, 그 남자! 좋아하는 배우였는데 아깝더라. 그 영화에서 같이 나온 걔가 주연이었는데…… 블라블라블라."

일찍 죽어 아까운 그 남자는 히스 레저, 그 영화는 〈브로크백 마운틴〉, 같이 나온 걔는 제이크 질렌할, 친구가 재미있게 본 영화는 〈프리즈너스〉. 듣다 보니 나도 본 영화였다.

거시기가 거시기하고 거시기했다는 개그 같은 대화지만, 친구와 나는 다 알아듣고 배우의 연기력과 감독의 연출 의도까지 읽어내는 수준 높은 영화 리뷰를 했다는 말씀이다.

세 명이 되면 대화는 이런 식으로 발전한다. 장소는 콩다방.

여인 1: "뭐 마실래? 내가 주문할게."

여인 2: "나는 콜드 블루 따뜻한 것!"

여인 3: "저기요, 콜드 블루는 원래 차게 먹는 거라서 따뜻한 건 없거든요."

여인 1: "(스마트폰을 들여다보며) 콜드 브루거든요. 차게 뽑아낸다는 뜻으로 콜드 브루cold brew랍니다."

여인 3: "나는 캐러멜 프라치노!"

여인 2: "프라치노 아니고 프라푸치노."

여인 1: "프라푸치노는 별다방에만 있는 메뉴거든요."

여인 3: "뭐 그리 복잡해? 그냥 아메리카노!"

그러고는 셋이서 서로 수정해 주고 보완해 주니 이런 게 집단 지성이라며 함께 웃는다.

이렇게 끼리끼리 만담할 때 간혹 기억력이 출중해 비웃는 태도로 지적하며 알려주는 이가 있다. 한번은 프랑스 작가의 작품을 말하는데 작가 이름을 잘못 읽었다며 웃는 바람에 정작 하고 싶은 작품 이야기는 하지도 못하고 말았다. 작가 이름 제대로 못 읽은 게 뭐 어때? 지금 하고 싶은 이야기는 그게 아닌데. 이런 뽐냄은 짜증난다. 좀 느리고 틀리면 어떤가 말이다. 뭘 말하려는지 이해하고 공감하면 된다.

택시를 타고 '예술의 전당'이 기억 안 나 '전설의 고향'이라고 말했더니 기사가 알아듣고 데려다줬다는 이야기가 농담만은 아닐 것 같다. 재치 있는 기사 양반 같으니라고.

남보다 빠른 속도로 알아내고 재빨리 거머쥐어야 했던, 혹은 그래야 살아남을 수 있다고 믿었던 나이는 지났다. 남보다 먼저 알아채려고, 조금이라도 더 가지려고 온 힘을 짜내야 하는 시기를 지났으니 한편 얼마나 큰 축복인가.

경험의 순간을 천천히 음미한다

명상 지도자이며 신경심리학자인 릭 핸슨은 서두르는 일상이 긴장 호르몬을 유발해 걱정과 짜증을 더 만들어낸다고 말한다. 저서 《붓다처럼 살기》에서 그는 마음을 어떻게 쓰느냐에 따라 뇌가 달라진다며 '느림이 주는 느긋함과 행복감'을 강조한다.

"마음과 뇌는 연결되어 있다. 평소에 순간 집중과 마음챙김으로 수련하면 뇌가 스스로 신경 회로를 바꾸는 신경 가소성에 따라 부정적인 감정을 억제하는 전전두엽의 피질이 활성화된다."

릭 핸슨은 긍정적인 경험을 내면화하기 위한 수련으로 경험의 순간을 재빨리 흘려보내지 말고 천천히 음미할 것을 권한다. 어떤 일에 주의를 오래 기울일수록 정서적 자극을 더 받고 더 많은 뉴런이 연결되어 작동하면서 기억의 흔적은 강화된다.

60대가 되어 좋은 점을 생각해 보자.

1. 서두르지 않는다. 뛰어서 횡단보도를 건너는 일은 이제 금지다. 잘못하면 넘어지고, 그러다 크게 다치는 수가 있다. 녹색 점멸등이 깜박거릴 때 멀리서부터 달려오는 사람들 곁에서 혼자 잠시 멈추고 다음을 기다리면 공연히 뻘쭘하기도 하지만, 하다 보면 의외로 작은 뿌듯함이 있다. 분초를 다툴 일이 없는 우리는 품위를 지킬 나이니까.

2. 남 흉보는 일을 덜 한다. 친구가 멍청한 짓을 하거나 엉뚱한 소리를 해도 들어주고 이해해 준다. 나도 그러는데 뭘, 같이 멍청한 짓 하며 늙어가자고요. 서로 끌어주고 밀어주며.

3. 욕심이 덜 생긴다. 많이 가져봐야 뭐해? 어차피 쓸 데도 많지 않은데. 얼마를 가졌든 감사하며 가진 것을 조금씩 나누고 아껴 쓰며 늙어갈 수 있게 되었다.

4. 느리게 살다 보니 눈에 들어오는 것이 많다. 예전에는 갈 곳만 보느라 하늘도 나무도 구름도 그저 풍경이었는데, 이제는 아파트 정원에 핀 작은 풀꽃도 보이고, 푸른 이파리가 바람에 흔들리는 것도 보인다. 멈춰 서서 자세히 보면 더 예쁘다.

5. 후회 같은 건 개나 줘버리자. 회한은 있지만 후회해 봤자 뭣할 것인가? 지난 일을 되돌리려 애써봐야 쓸데없음을 알게 된다.

릭 핸슨과 같은 뇌 과학자들이 권하는 느림을 실천하기 딱 좋은 나이가 60대이다. 어차피 머리는 재빠르게 돌지 않고 시간은 많으니 애써 서두를 필요도 없잖은가. 바삐 걷다 돌부리에 걸려 넘어졌을 뿐인데 입원해야 하는 일이 생기고, 급히 먹다 사레가 들려 사람 많은 식당에서 연신 잔기침을 해대는 낭패를 겪는 이들에게 유효한 처방이다.

남의 말을 끝까지 듣고 식사를 천천히 하고 지금 하는 일에 집중하는, 느림의 일상은 통찰력과 주의력을 높여주고 내면의 평화를 높여준다.

멀티태스킹을 멈추자

여자들이 잘한다, 한 번에 두세 가지 일을 동시에 하는 것.

예닐곱 살 무렵이다. 고향에는 바다가 보이는 공원이 있었다. 밤낮으로 뛰어가 작은 언덕의 풀밭에서 '구멍 빠주기'(움푹 팬 구덩이 위를 풀로 덮어놓아 그걸 모르는 친구가 가다가 빠지면 낄낄거리고 웃는 놀이)를 하고, 바닷가로 내려가서는 돈벌레를 바위 웅덩이에 풀어놓고 소꿉을 했던 동네 놀이터이다. 러닝셔츠와 팬티만 입고 신나게 놀고 있는데 어디선가 확성기 소리가 들려서 풀밭 언덕으로 올라가 봤더니 동네 어머니들이 한잔 걸치신 표정으로 눈을 감고 신나게 막춤을 추고 있었다.

그런 광경이야 흔하다. 그날 내 눈을 사로잡은 건 어머니 등에 업힌 젖먹이 아기가 점점 아래로 처지는 띠에 겨우 매달린 채로 곤하게 자는 모습이었다. 엄마가 아기를 등에 업고 춤을 추느라 띠는 자꾸 헐렁해지고, 아기는 옆으로 빠질 듯이 고개가 무너지는데도 잠에서 깨지 않았다. 그 진동을 즐겼나? 가끔 그 엄마는 두 손을 엉덩이에 받치면서 흘러내리는 띠를 치켜세우곤 했다. 너무 신나서 슬퍼 보였던 아기 엄마.

멀티태스킹을 얘기하려다 말이 길어졌다. 아이를 등에 업고 한 손으로는 엉덩이를 받치면서 한 손으로는 머리에 함지박을 이고 가던 고조 증조할머니의 유전자가 아직 유구하다고 얘기하는 중이다.

내 세대는 어땠나? 아이를 앞으로 메고 출근을 준비했다. 보채는 아이를 어깨에 거는 띠로 고정해서 안고 화장하고 머리를 매만졌다.

우리 딸 세대는, 안방과 아이 방과 식탁을 오가며 빨리 일어나 어린이집 가야 한다고 아이를 채근하고, 머리에는 롤을 말고, 토스트와 커피를 입에 넣으면서 동동거린다. 다행이라면 시대가 바뀌어서 그 과정에 아이 아빠도 동참한다는 거다. 아이 옷을 입히고 밥 먹이는 걸 거들고 준비가 끝나길 기다려 어린이집에 데려다주고…… 이 대목에서 가만, 우리 삼식씨는 그 시절에 뭘 거들어주기라도 했나? 새삼스러운 분노의 회상 장면은 덮어두자.

어쨌든 여자는 한꺼번에 두 가지, 아니 네 가지 일도 처리한다. 아침을 차리면서, 머리를 말리고, 아이를 두드려 깨우면서, 아이를 봐주는 친정엄마가 몇 분 후에 도착하는지 스피커폰으로 대화하기.

한때는 이 멀티태스킹이 여성의 섬세하고 순발력 있는 두뇌 플레이의 결정판이라고 생각했었다. 개뿔이다. 이런 습관으로 젊은 엄마 시절을 보내고 나면, 아이가 다 크고 자신도 하던 일을 그만두어 시간이 남아도는 중년의 전업주부가 되어도 하나의 일만을 차분히 하기가 어렵다. 텔레비전을 보면서 식사하는 것은 기본이다. 요리하며 국 끓는 시간에 가만있으면 시간을 버리는 것이라는 생각에 SNS 수다에 동참하고, 오늘 점심을 먹을 맛집을 검색한다. 그러다가 스마트폰을 냉장고에 넣기도 하는 지경에 이른다.

"며칠 전 친구 셋이 꽃구경하고 밥을 먹었어요. 왕벚꽃이 찬란하게 핀 오후에 공원에서 만났어요. 꽃이 이쁘다고 소란을 떨고 사진을 찍었죠. 꽃구경은 1분, 사진 찍느라 30분을 요리조리 왔다 갔다 수선을 피우다가 맛집을 찾아갔죠. 멕시칸 요리였어요. 메뉴를 보고 고르고 기다릴 때 맛있는 요리가 나오겠지 하는 설렘이 잠시 있었죠. 그러기 위해서 30분간 대기했어요. 그러면서 긴 수다. 배고팠던 터라 요리가 나오자마자 맛있다며 거의 흡입. 맛은 있었지만 음미할 여유가 없었죠. 배가 너무 고프고 급했고 음식점은 소란했죠. 또 먹기 전에 SNS에 올릴 사진을 찍어야 했지요. 그 와중에 셋이서 온갖 수다를 떠느라 먹는 건 게 눈 감추듯. 그리고는 디저트 카페에 갔어요. 밥값만큼 케이크와 커피가 비쌌죠. 오랜만이라며 제일 비싼, 그 카페의 시그니처 케이크를 먹었죠. 거기서도 같은 과정이 되풀이됐죠. 사진 찍고 수다 떨면서 정작 케이크는 맛을 느낄 새도 없이 순식간에 해치우고요. 그리고 돌아오면서 기억나는 건…… 입이 아프도록 떠들었는데 무슨 이야기였더라? 한 가지, 사진은 제대로 남았더군요."

만약 이때도 그 순간에 머무는 마음챙김에 익숙했다면 풍경이 이렇게 바뀌지 않을까?

세 친구는 만나서 공원길 벤치에서 안부를 나누고 꽃을 구경한다. 꽃 모양을 한참 쳐다보고 향도 맡고 그 아래에 서보기도 하고 바람을 느껴보고 바람에 휘날리는 꽃잎을 보며 한때 애송하던 시도 읊어보고. 식당이 한가할 때를 기다려 옮겨가서 천천히 메뉴를 고르고 식사가 나오면 각자 조용히 맛을 음미한 후 느낌을 나누고 그동안 밀린 이야기도 나눈다.

멀티태스킹을 이제는 멈추자. 여러 작업을 한 번에 하면 우리 마음은 현재에 머물지 못한다. 마음챙김의 목표 중 하나는 마음이 떠돌지 않게, 지금 여기에 두는 것이다.

한꺼번에 많은 일을 처리하는 기계와 같은 유능함과 합리성의 허울에 길든 여성은 특히 이 함정에서 빠져나와야 한다. 지금도 나는 그 습관을 다 버리지 못하고 있다.

오전 중에 강아지 산책과 빨래, 청소, 저녁에 먹을 찬거리를 사두는 일을 해야 한다면, 그것을 한꺼번에 처리할 방법부터 찾는다. 강아지를 데리고 나가면서 장바구니도 들고 가서 잠시 마트 앞에 강아지를 묶어놓고 장을 보고 나와야지, 그 전에 청소를 끝내야 하는데 먼저 세탁기를 돌려놓으면 청소가 끝나자마자 곧바로 빨래를 널 수 있을 거야, 그렇게 두 시간이 지나면 나는 한가한 몸이 될 거니 느긋하게 쉬어야지, 라고 머리가 팍팍 돌아간다.

세탁기 알림음이 울리기 전에 청소를 끝내기 위해 빠르게 이 방 저 방을 발바닥에 땀나게 오가고, 그러면서 한 손에는 걸레를 들고 선반 위나 청소기가 들어가지 않는 곳을 걸레질하며 재빨리 청소와 빨래를 끝낸다. 난 역시 유능해.

강아지를 데리고 나가 동네를 빠른 속도로 한 바퀴 산책한 다음, 마트 입구에 강아지를 묶어두고는 혹시 나를 찾으면서 불안해하거나 지나가는 아이를 보고 짖지는 않을지 걱정되어 서둘러 장보기를 한다. 필요한 물건을 마구 바구니에 넣고 계산하고, 한 손으로 강아지를 끌고, 한 손에는 찬거리를 들고 낑낑대며 재빨리 집으로 돌아오니 할 일이 끝났군. 이제는 해방이다.

이러고 나면 마음의 여유를 누리게 될까? 여러 일을 잽싸게 해치워 시간을 벌고 나서 하는 일이 뭐냐 하면 커피잔을 들고 텔레비전 채널을 십여 군데 돌리면서 뭐가 재미있나 쿡쿡쿡, 이것도 좀 보고 저것도 좀 보다가 흥미를 못 느껴 던지고 나니 별로 할 일이 없다. 심심하다. 누구 불러내서 공원길에서 수다나 하면 좋겠다고 생각하며 또 다른 거리를 찾는다.

시간을 벌기 위해 두세 가지를 한 번에 해치우고 시간이 남아 다른 일을 만들고, 그 일을 하면서 또 바쁘다. 바쁘게 일하고 시간을 남기고 그 시간을 쓰기 위해 뭔가 일거리를 만들고…… 이것이 멀티태스킹의 유능함과 합리가 남겨준 습관이다.

쓸데없이 마음을 급하게 하고 시간을 좀먹는 주범 중 하나로 늘 손에 들고 다니는 스마트폰을 뺄 수 없다. 모처럼 책이라도 읽을라치면 알림 소리가 연신 울려댄다. 당장 확인해야 할 거리가 없는데도, 읽던 책은 덮어두고 폰을 집어 든다. 동창의 대화방에서 날씨가 어떻다느니, 어제는 어디를 갔고 뭘 먹었느니 하며 시시콜콜한 일상이 톡으로 날아온다. 읽었으니 한두 마디 답을 해야 할 것 같아 영양가 없는 말과 이모티콘을 남긴다. 뉴스도 읽고 음악도 듣다 보니 어느덧 시간은 날아가고 괜히 마음이 바빠진다.

일상에서 하는 느림 수련

순간에 집중하며 평온한 마음을 갖기 위해 일상에서 하는 느림의 수련을 제안해 보려 한다. 쉽게 할 수 있는 세 가지만 함께 해보기로 하자.

1. 말을 줄인다.

느림의 첫 번째는 말을 줄이는 것. 그 대신에 남의 말을 듣는 데 집중한다. 해보면 쉽지만은 않다. 상대의 말이 끝나기 전에 내 말을 하고 싶어 입이 근질거린다. 내가 더 말을 잘할 것 같고, 많이 알고 있는 것 같다. 이런 조급함을 달래고 가만히 침묵하며 듣기는 어렵지만, 참아가며 해보면 마음이 안정되고 점점 집중하기가 쉬워진다. 말을 들으면서 그 사람의 표정과 말투, 손놀림 등을 유심히 살펴보는 것도 좋다. 관찰력과 주의력이 크게 향상된다.

2. 여러 일을 동시에 하지 않는다.

바삐 살 때 요긴했던 멀티태스킹을 이제는 끝내자. 한 가지 일에 집중한다. 밥을 먹을 때는 요리 하나하나의 맛에 집중하고, 차를 마실 때는 천천히 차의 색과 향과 맛을 음미한다. 드라마를 보거나 책을 읽을 때도 떠오르는 장면과 글 한마디의 묘미에, 이어 따라오는 상상의 세계에 뇌를 맡기자.

3. 스마트폰을 쥐고 다니지 않는다.

SNS를 끊을 수 없다면 하루 두세 차례, 시간을 정해서 확인하면 된다. 즉시 확인하고 답변해야 할 급한 일은 사실 거의 없다. 깜빡 집에 놓고 나가서 바깥에 있는 동안 전화기가 궁금했지만, 돌아와 켜보면 스팸 문자만 와 있던 경험이 있을 것이다. 하루에 몇 번이나 엄마를 찾는 아이가 있던, 바쁘게 살던 시기는 지났다.

4부

상실과 죽음이
기다릴지라도

외기러기 된 시니어의 해방 일지

상실의 단계를 거치며 삶은 완성된다

어머니는 밥솥을 가스레인지 위에 올려놓고 잠시 쉬러 방에 가서 누웠다가 다시 일어나지 못한다. 화면에는 등 돌리고 누운 어머니가 보이고, 제 방에 있던 아들이 밥이 타는 냄새를 맡고 나와 엄마를 깨우러 간다.

"엄마, 밥이 다 탔어. 뭐하는 거야?"

이상한 낌새를 느낀 아들은 엄마의 얼굴에 몸을 가까이 대보고는 깜짝 놀라 신발을 신는 둥 마는 둥 집 옆의 공장에서 일하고 있는 아버지를 부르며 달려간다.

서울 근교 전원에 사는 그 어머니는 부엌과 밭과 남편의 공장을 종종걸음으로 오가며 하루하루를 보냈다. 서울로 출퇴근하는 아이들이 늦은 저녁 돌아오면 어머니의 첫마디는 한결같았다.

"밥은?"

잠시 쉴 틈도 없이 집 안을 오가는 어머니가 떠나고 난 뒤 가족은 깨닫는다. 이 집 안의 시계와 가족의 일상이 무리 없이 돌아간 건 전적으로 어머니의 돌봄 덕이었다고.

세 남매는 홀로 된 아버지를 돌보기 위해 일찍 귀가해 엄마가 하던 집안일을 나누면서 엄마의 빈자리를 매 순간 느끼고, 갑작스레 부인을 여읜 노년의 남자는 알게 된다.

"내가 식구를 다 건사하고 있다고 생각했는데 그 사람이랑 아이들이 나를 건사하고 있는 거더라고."

집안일에 밭일에 공장 일에 하루 종일 동동거리던 아내는 말했었다.

"이제 밭 내놓읍시다. 당신은 숟가락 딱 놓고 밭이나 공장으로 가면 그만이지만, 나는 밭으로 공장으로 돌면서 또 짬짬이 집에 들락거리며 몇 번씩 가스 불을 켰다 껐다 해야 해요."

"인생은 이렇게 허망한 상실"이라는 메시지와 함께 작가는 여자의 일(집안일과 바깥일 가리지 않고 주체가 되고 조력자가 되는)에 계속해서 시선을 머물게 한다.

김치냉장고 맨 아랫바닥에 누워 있는 무거운 김치통을 꺼내면서 딸이 말한다.

"엄마는 과로사야 과로사."

드라마 한 회를 다 채울 만큼도 되지 않는 압축된 분량의 대사와 장면 묘사로 삶의 황망함과 허무를 진하게 보여주는 제작진의 탁월함을 '추앙'하는 것과 별도로, 그걸 보는 나는 지난 삶의 상실과 아픔을 새삼 떠올렸다.

존재하지 않을 때 존재를 느끼는 아이러니. 그 사람이 떠난 후 비로소 우리는 그의 존재를, 부재를 뼈저리게 실감한다.

한 사람이 가면 하나의 우주가 사라진다

모든 상실은 그 이후 삶에 어떤 식으로든 회한과 자책을 남긴다. 더 잘해줄 것을, 더 사랑할 것을.

저축과 보험으로 미래의 예기치 못한 상황에 대비하면서도 사람이 간 뒤는 굳이 예상하지 않는다. 산 자만 남은 미래를 준비하는 건 비정하고 이기적이라서? 아니면 죽음은 어쨌든 생각하고 싶지 않다는 걸까?

"그 사람이 언제든 떠날 수 있다는 상상을 왜 안 했을까요? 아니, 떠난 후에 내 삶이 어떻게 변할지 왜 생각해 보지 않았을까요? 일흔을 넘기고 있있잖아요. 누구든 한 사람이 먼저 가는 거고 그게 내일이라도 자연스러운 나이인데…… 상상하지 않고 대비하지 않은 거죠."

남편과 세 살 차이가 나는 부진은 올해 예순아홉이다. 남편이 심장마비로 떠난 지 아홉 달째.

"이 나이에 과부가 되는 게 뭐 대수겠어요? 홀로 된 친구도 이미 여럿이고. 다들 그렇게 생각하죠. 자식도 그래요, 효자라고 할 수 있는 아이들이지만 제 외로움과 고독을 어떻게 다 말하겠어요? 짐만 되지요."

그녀는 친구 언니의 친구다. 지난해 남편을 보내고 힘들어하는데 너무 가깝지 않은 이라면 코칭 대화를 할 수 있겠다고 해서 친구가 나를 소개했다. 가족이나 친구에게 터놓기 어려운 얘기를 하고 싶다고. 나는 그녀에게 "코치는 들어주는 사람"이라고 말한 뒤 잘 듣기 위해 몇 가지 질문을 하겠다고 했다.

"혼자가 될 거라고 예상하고 그 이후의 생활을 계획해 보신 적은 없나요?"

"당연히 올 일이라고는 알고 있었죠. 그 사람과 내가 한날한시에 가지는 않을 테니까요. 홀로 될 사람을 위해서 주택연금에 가입하고, 건강 관리를 꾸준히 한 정도예요. 홀로 된다는 문제는 그것만이 아닌데 말이죠. 그 사람이나 내가 혼자가 되었을 때를 가정하고 남은 삶을 어떻게 꾸려나갈지 구체적으로 계획을 세우지는 못했어요. 즐거운 일도 아니고, 상대가 있는 상황에서 할 수도 없잖아요? 그냥 막연히 남자가 홀로 되는 상황보다는 여자가 혼자되는 상황이 나을 거라고는 생각했어요. 아이들을 위해서나 본인을 위해서나."

다행히 그렇게는 되었다고 말하며 그녀는 씁쓸하게 웃었다.

함께한 43년의 세월, 그냥 평범한 인생이었다고 부진은 과거이야기를 들려주었다.

직장 동료 소개로 알게 되어 연애하다가 결혼했고, 아이 둘을 낳았고, 아이들은 큰 사고 없이 학업과 독립을 마쳤다.

"큰애 때는 시부모님이 돌봐주셨는데 둘째 땐 건강이 안 좋아지셔서 제가 회사를 그만두었어요. 그 시절에는 외벌이라도 착실하게 저축하면 대출로 집 사고, 아이들 교육도 큰돈 들이지 않고 시킬 수 있었잖아요? 남편 월급이 오르면서 대출 갚고 새 아파트 분양받으며 집 평수도 늘리고 큰 걱정 없이 살았습니다. 운 좋게도 그 양반이 60세 정년까지 버텨주었고, 나도 간혹 시간제로 일했거든요."

딸아이 결혼시키고 아들이 분가할 때 지원하면서 집을 줄여 서울 외곽에 작은 아파트 한 채가 남았다. 남편 퇴직금으로 몇 년 버티고 주택연금에 가입했다. 남편의 국민연금과 아이들이 주는 용돈까지 보태서 그럭저럭 은퇴 후 생활이 가능했다.

"남편이 은퇴하고 10년을 더 살았네요. 함께 외손주를 봐주면서 여행도 다니면서 지냈습니다. 아들아이는 결혼은 안 했지만 안정된 직장이 있으니 큰 걱정 안 합니다. 그 아이 인생이니까요. 60대 중반을 넘어가니 몸도 예전 같지 않아 여행도 시들해져서 그냥 무탈하게 사는 게 인생이려니 했어요. 책 읽기를 좋아했는데, 그도 이제 눈이 피로하니 집중이 안 돼요. 친구들과 만나 세상살이 수다하고 맛집 다니는 게 낙인 나이가 된 거죠."

"두 분 사이는 어떠셨나요?"

"남편은 친구들과 당구 치고 등산 가고 그렇게 소일했어요. 인생에 별로 큰 기대나 고민이 없는 성격이라, 운동하고 친구와의 모임을 좋아하면서 순하게 늙어가는 것 같았어요. 내가 나다녀도 혼자 끼니도 곧잘 해결하고 크게 불평은 안 했고요. 심심한 사람이지만 크게 갈등할 일은 없었어요. 그렇다고 알콩달콩하지도 않았죠. 40년 넘게 살다 보니 그냥 식구였어요. 각 방 쓴지도 오래되었는데, 그게 좀 후회가 돼요. 이제 무슨 일이 있을지 모르는 나이니까 같은 방에서 자야 안심이지 싶어서 그렇게 해보기도 했는데 둘 다 불편해서 관뒀지요. 자는 시간과 깨는시간이 다르고, 코도 골고 해서 둘 다 깊은 잠을 못 자더라고요."

"건강 관리는 어떻게 하셨나요?"

"오래 살고 싶다기보다 잘 죽기 위해서라도 열심히 운동은 해야겠다 싶어 매일 걷고 주민센터의 건상 프로그램도 열심히 다녔지요. 남편도 건강 관리는 열심히 하는 편이었어요. 보험공단에서 하는 건강 검진 열심히 받고, 아픈 곳이 생기면 바로 병원 가서 진단받고 했어요. 우리 나이에 있을 수 있는 경고들이죠. 고혈압, 고지혈증, 가벼운 당뇨. 그래서 늘 잡곡밥에 소식하는 정도로 신경 쓰고 운동하고 필요하면 약 먹고 그렇게 지냈어요. 남편은 적당한 때 죽어야 한다고 농담처럼 말하더니 정말 그렇게 갔네요. 복이 많은 건지…… 심한 독감 끝에 쓰러졌어요. 병원 갔는데 입원은 안 하겠다 해서 집에서 예후를 보자고 했는데 이틀 만에 갔어요. 그때는 같은 방에서 잤지요. 아침에 일찍 깼는데 남편이 조용히 자고 있길래 목욕탕 다녀왔는데 그새 갔더라고요."

"남편을 떠나보낸 직후 기분이 어땠나요?"

"처음엔 황당했어요. 아무리 모르는 게 인생이라지만 그리 쉽게 갈 줄은 몰랐죠. 요즘 나이 70대 초반이면 죽을 나이라기엔 이르잖아요. 사람 목숨이란 게 참 질기기도 하더니만 그리도 허망하게 가더라고요. 장례식 치를 땐 그냥 멍하다가 친지가 다 가버리고 혼자 남으니 하나씩 실감이 나요. 두어 달은 아이들이 자주 오가고, 위로 전화도 많고, 또 여러 처리할 일도 있고 해서 외롭거나 할 시간이 없었어요.

그러다 지난봄부터 혼자라는 실감이 나요. 밥 먹다가도 멍하니 앉아 있게 되고, 밤에 자주 깨고, 가끔은 무서워서 잠근 현관문을 다시 당겨보고 이중 잠금까지 하고 자요. 딸아이가 자주 전화하는데 그러는 것도 부담돼요. 아이처럼 보호받는 것도 싫어요. 맞벌이에 제 살림도 바쁜데. 아들은 마음이 있어도 어쩌다 전화 한 통이지요. 그래서 괜찮다고 하다 보니 먼저 전화하는 것도 그렇고, 늘 같은 말밖에 딱히 할 말도 없고요."

인간은 어리석게도 존재가 사라진 뒤에야 그 존재감을 제대로 느낀다. 그녀 역시 늘 있던 식구로, 집안의 묵묵한 기둥이었던 남편의 존재를 그가 떠난 뒤에 오히려 실감하게 된 것 같다.

"구체적으로 어떤 변화가 있는 건가요?"

"일단은 일상의 리듬이 깨졌어요. 남편이 있을 때는 귀찮아도 끼니를 준비해 같이 먹고, 가끔은 외식도 하고, 어쨌든 삼시세끼를 중심으로 시계가 돌아갔던 것 같아요. 그게 지겹다고 지청구도 하고, 한동안 여행이라도 다녀오라고 짜증을 내곤 했었는데, 사람 마음이 참 간사하지요. 막상 그렇게 되니 마냥 편하지만도 않아요. 혼자니까 대충 때우게 돼요. 혼자 먹겠다고 요리 같은 걸 하자니 번거롭고, 신도 안 나고. 누군가 먹어주는 게 즐거운 일이었더라고요. 외식하려고 해도 혼자 들어갈 수 있는 식당이 몇 없잖아요. 젊은 애들은 잘도 한다고 그러던데 저는 쑥스럽더라고요. 하루의 일정한 리듬이 없어지니까 시간이 남아도 뭘 해야 할지 잘 모르겠어요. 무한정 시간이 있으니 하고 싶은 게 없는 거 같고. 헬스라도 갈까 하다가 '나중에 가지 뭐' 이렇게 돼요. 전에는 '오전에 다녀와야지' '점심 전에 다녀와야지' 이랬거든요."

말하자면 남편이 그녀에게는 적당한 조임과 풀어줌 역할을 하는 나사였던 셈이다. 돌보고 챙겨야 할 것들이 남았던 일상의 시간이 조임이고 느슨함은 그녀에게 자유였다. 적당한 구속이 자유를 원하게 하고 자유의 맛을 알게 했다고나 할까?

"남편이 가고 나니 나도 곧 이 세상 뜰 거 같은 허무함도 있고 애착이 가는 게 없어요. 맛있는 것도 예쁜 것도 시들해요. 그게 다 무슨 소용인가 싶고 그러네요. 해가 질 때면 마음이 쓸쓸한 게, 며칠 전에는 노을을 보는데 눈물이 나더라고요. 그 사람이 마구 그립다기보다 그냥 홀로 된 이 상태가 견디기가 힘든 거 같아요. 홀로 되어 잘사는 친구도 많던데 제가 유난한 건가요?"

"언제 홀로 된 건지에 따라 다르겠죠. 여전히 돌봐야 할 가족이 있거나 사회 활동을 해서 일상을 꾸려나갈 이유나 에너지가 있는 때냐, 아니면 아이들마저 독립해 떠나고 딱히 할 일도 없는 때냐에 따라 다를 것 같습니다."

사실 잘사는 것처럼 보이는 그들도 나름 외롭고 고독할지도 모른다. 그녀의 상실감도 치러내야 할 숙명일 것이다. 누군가는 떠나고 누군가는 남는다. 그리고 우리는 모두 떠난다.

상실은 또 다른 삶의 시작, 충분한 애도 필요

"그러면 우리 이제부터 어떻게 무엇을 해서 그 상실의 힘듦을 견디어낼지 얘기해 볼까요?"

생겨난 일을 없앨 수도, 아닌 척할 수도 없다. 가장 지혜로운 방법은 있는 그대로를 받아들이며 그 상황을 달리 해석하고 자신의 여생을 설계하는 게 아닐까?

이럴 때 기댈 건 인간의 이기성. 우선 자신에게 좋은 일을 해야 한다.

"지금 느끼는 감정을 일단 한번 표현해 볼까요?"

"표현이요? 지금 다 말했는데."

"한마디씩 정의해 보자는 거지요. 감정을 다시 들여다보는 거예요."

"음…… 가슴에 구멍이 난 것 같고요. 기운이 없고요. 딱히 하고 싶은 것도 없고요. 아침에 눈뜰 때가 제일 힘들어요, 또 하루를 무엇으로 견디나 싶고."

"허전하고, 외롭고. 무기력하고, 우울감이 들고…… 이렇게 말하면 될까요?"

"네, 뭐 그런 단어를 쓰니까 그런 것 같네요."

"그러면 그런 좋지 않은 감정이 무엇 때문에 일어난다고 생각하세요?"

"그것도 말했는데…… 정리해 보라고요? 늘 있던 사람이 없으니까 허전하고, 함께할 사람이 없으니까 뭘 하려고 해도 기운이 안 나고요. 재미가 없고요. 혼자 어디 가는 게 익숙하지 않아서 민망하고요. 대화를 나눌 사람이 없으니 말을 안 하게 되고요."

"그러니까 남편분 떠나고 나니 혼자여서 가장 힘든 거군요."

"그렇지요, 우선은."

"혼자라는 느낌이 들지 않게 뭔가 노력해 볼 생각은 안 해보셨나요?"

"아이들에게 연락하는 건 귀찮게 하는 거 같고, 또 부담이 될까봐 싫어요. 그렇다고 친구들에게 이런 말 하기는 아직은 좀 그래요. 괜히 불쌍해 보일 것 같고. 그리고 저 혼자 재미있으려고 하는 게 그 사람한테 좀 미안하다고 할까요? 그 사람이 없으면 죽겠다 싶게 사랑한 건 아니지만 '좋은 사람인데, 내가 더 잘해줬어야 하는데' 싶은 죄책감 비슷한 것 때문에 혼자 재미있게 지내면 미안할 것도 같고…… 웃기지요?"

"아뇨, 충분히 이해해요. 그렇지만 남편분이 자기가 없다고 힘들어하는 것 알면 좋아할까요? 만일 갑자기 떠나지 않고 유언을 남길 시간이 있었다면 뭐라고 하고 가셨을까요?"

"뭐, 이러고 있으라고는 안 했을 겁니다. 그 사람은 재미를 즐기는 사람은 아니었지만, 제가 기운 떨어지고 심심해하는 것을 좋아하지는 않았어요. 자주 '나가 놀아'라고 했거든요."

"그런데도 즐겁게 지내려고 하는 게 남편분에게 미안하다면…… 다른 이유가 있을까요?"

"너무 황망하고 정신이 없어서 그 사람이 간 직후에 제대로 슬퍼하지 못했던 게 마음에 걸려요. 뭐랄까, 제대로 보내주지 못했다고나 할까요?"

부진은 충분하지 못했던 애도 때문에 자책하고 있었다.

"그냥 의연하게 대처해야 할 것 같아 오히려 무덤덤하게 있었는데, 그렇게 보내는 게 아니었다는 생각이 들어요."

"그러면 어떻게 하면 좋을까요? 지금이라도 할 수 있는 일이 있을까요?"

"지금 할 수 있는 일? 매일 아침 불경을 외는데, 거기다가 이 마음을 실어볼까요? 스님께 물어보니 천도薦度에 좋은 불경을 읽으라 하더라고요. 굳이 절에 가지 않더라도 아침마다 그 사람과의 인연을 생각하고 감사하며 편히 잠들기를 바라는 기도를 해야겠어요."

남편에게 느끼는 미안함과 죄책감이 새롭게 꾸려가야 할 그녀의 일상을 가로막고 있었다. 충분히 애도하지 못하면 앞으로 나아가는 발걸음이 주춤하면서 자꾸만 뒤돌아보게 된다. 그녀는 뒤늦게나마 남편과의 인연이 의미 있었고 고마웠다고 두 손 여미고 정중하게 애도한 시간을 가진 후에라야 남은 삶에 집중 하게 될 것 같았다.

마음이 있더라도 그 마음을 전하려면 꺼내보여야 한다. 사람 이 떠난 후에는 그를 잃은 슬픔을 그대로 드러내는 것이 자신을 위로하면서 떠난 사람에게도 예의를 다하는 진정한 애도이다. 또 떠난 이를 아는 다른 사람도 그 슬픔에 공감하며 서로 위로 할 수 있다. 그래서 우리에게는 과하다 할 만큼 크게 소리 내어 곡하고 격식을 차리는 장례 문화가 있었다.

다음으로 그녀는 혼자 보내야 하는 자신의 나날에 변화가 필 요하다고 말했다. 우리는 일상을 함께할 대상부터 찾기로 했다.

"일상을 함께할 사람으로 누가 있으면 좋을지 생각나는 사람 이 있나요?"

"친구들이 제일 편하긴 하지요. 가끔 친구들이 전화했는데 제 가 잘 안 나가서 그런지 뜸하네요."

"친구랑 하고 싶은 게 뭔지 먼저 생각해 보시죠."

"같이 밥 먹고 영화라도 보고 공원을 걷고…… 뭐 그런 거지 요. 내가 외로워하는 걸 들킬까봐 전화하는 게 망설여져요."

"외롭다는 걸 친구가 알면 뭐가 안 좋으시죠?"

"뭐, 그냥 불쌍해지는 거 같아서요. 근데 외롭고 심심하긴 친구들도 마찬가지일 것 같긴 해요. 이 나이에 다 외롭고 심심하지 싶기도 하네요."

"흐흐, 하나의 답을 찾으셨네요. 그러면 친구에게 먼저 전화하기가 두 번째 할 일이 되겠네요. 지금의 외로움을 덜기 위해서 또 해야겠다 싶은 건 뭔가요?"

"혼자서도 할 일을 찾는 건데 뭘 하면 좋을까요?"

"뭘 좋아하는지 먼저 생각해 보시죠. 하고 싶은 거 없으세요?"

"사람 만나서 하는 일 놓은 지 오래고 그러고는 살림만 해서 뭐, 특별한 게 있나요?"

"살림 잘하는 게 큰 거지요. 요즘은 그런 걸로 인터넷에도 올리고 그러잖아요."

"그렇긴 하더군요. 내가 음식 해놓으면 다 맛있다고 해요. 솜씨가 좋은 친정어머니께 잘 배웠다고 시어머니가 늘 그러셨죠."

"와! 큰 장기를 가지셨네요. 요리 잘하면 사람들이 얼마나 좋아하는데요. 요리하는 법 영상만 올려도 많은 사람이 찾아서 봐요."

"그렇게까진 바라지도 않고요. 그냥 혼자 해 먹기 쓸쓸하고 입맛도 안 도니 요리해서 같이 먹을 친구라도 초대해 봐야겠어요."

"오, 친구 초대하는 모임 좋아요. 집밥 모임이면 환영받을 수 있겠네요. 또 하고 싶은 거 없으세요?"

"일단 이거 하나만 해도 가라앉은 기분에서 헤어 나올 수 있을 것 같아요. 조금 격조했던 친구들과 다시 통화하고 만나고 해야겠어요. 일주일에 한 번, 무리다 싶으면 2주일에 한 번이라도 우리 집에서 집밥 모임을 해보는 걸로 시작하겠습니다."

나는 부진에게 '해방 시점'이 바로 지금이라고 생각하기를 권했다. 시니어 코칭에는 각자에게 '해방 시점 정하기'가 있다. 자녀가 대학에만 가면, 취직해서 경제 독립을 하면, 혹은 자신의 은퇴 시점이 되면, 아니면 노후 자금이 얼마만큼 모이면 등 각자가 해방 시점을 정하고 그 이전까지 할 일과 해방 이후 할 일을 정하며 미래를 설계한다. 부진은 지금이 진정한 해방이라고 여기고 새로운 노후 생활을 계획해 볼 수 있을 것 같았다.

"후련하기도 하지만 쓸쓸한 해방이군요."

부진이 말했다. 모든 해방에는 쓸쓸함이 있다.

다시 드라마로 돌아와서, 어머니가 떠난 후 가족은 해체된다. 집과 전답을 지키느라 매일같이 고단한 노동을 하면서 자녀의 독립 자금 지원 요청은 단칼에 거절하던 무정하고 무뚝뚝한 아버지, 그 곁에서 묵묵히 가족을 지키던 어머니가 떠난 후 아버지는 자식들의 독립을 지원하고 자식들은 서울로 입성한다. 서울에서의 출퇴근을 꿈꾸던 그들의 해방은 이런 모습으로 찾아왔다.

중풍에 걸리고 공장 일도 그만둔 아버지는 자식에게 짐이 되지 않기 위해 아들이 권하는 맞선자리에 나가고 재혼한다. 자신의 생일 상차림 앞에서 바싹 늙어 죽음으로 성큼 다가선 듯한 얼굴의 아버지는 말한다.

"너희는 그리할 수 있으면 혼자 살아라. 나는 기운이 없어서."

본인이 온 가족을 먹여 살리기 위해 평생 일했는데도 부인도 자식도 행복하게 해주지는 못한 것 같다는 말로 들렸다. 아버지는 가족 부양에서 그렇게 해방된 것인지도 모른다.

그래서 그 드라마의 제목이 〈나의 해방 일지〉였을까?

한 사람을 잃는 것은 한 세계를 떠나보내는 것이다. 가까운 이의 죽음은 비통하지만, 한편 그와 만들던 현실에서는 해방되어 또 다른 세계를 맞이하게 된다. 상실은 곧 해방이며 다른 삶의 시작이다.

아무리 고통스러울지라도 혹은 꽃같이 화사하다 해도 인생은 무상하다. 우리 모두 언젠가는 모든 것을 내려놓아야 한다. 자식을 여럿 낳았어도 미처 유년이 끝나기도 전에 아이가 죽기도 하고, 전쟁이나 천재지변으로 생떼 같은 가족과 영영 헤어지기도 했던 예전과 달리, 한두 명의 자녀와 함께 의술의 도움으로 장수를 누리는 요즘에는 상실을 인생 최대의 불행이나 실패로 여기는 듯하다. 하지만 이별이나 사별 외에도 재산이나 직위나 명성을 내려놓아야 하는 등 여러 가지 상실을 겪으며 우리는 성장하고 늙어간다.

이러한 사실을 삶의 자연스러운 한 부분으로 받아들이지 못한 채 어떻게 해서든 피하려고만 한다면, 상실 자체로 인한 슬픔이나 아픔 이전에 소중한 것을 잃게 된다는 두려움과 고통에 사로잡힌다. 결국 마음의 평화는 사라지고 오랫동안 그 늪에서 빠져나오지 못하게 되는 것이다.

첫 번째 남편과 헤어지고 다시 만난 두 번째 남편과도 이혼을 고민하고 있던 한 친구의 말이 오래 기억에 남는다.

"십대 시절에 아버지를 잃었어. 유난히 나를 이뻐하시던 아버지가 가신 건 세상을 잃은 거나 마찬가지였어. 어른이 되어가면서 난 아버지를 대신해 줄 보호자를 찾듯이 남자를 찾았지. 내가 그 남자를 얼마나 사랑하는지보다 상대가 나를 귀하다고 하면 받아들이곤 했어. 가까이하고 싶지 않던 남자도 막상 나를 외면하면 매달리고 싶은 거야. 그런 결핍으로 성급하게 결혼했고, 그 선택은 현명하지 못했어. 그러고는 얼마 지나지 않아 또 결혼하게 된 거지. 이번에도 정말 내가 원하는 삶은 아니었던 것 같아. 돌이켜보면 난 상실을 제대로 극복하지 못했어. 빨리 그 아픔과 두려움에서 벗어나려고만 했던 거야. 결국 돌아갈 수 없는 이전의 상태로 돌아가려는 갈망으로 나의 미래를 제대로 그리지 못한 게 아닌가 늦은 후회를 해."

상실을 받아들이는 명상

"상실을 겪을 때 불필요하게 경험하는 고통의 많은 부분은 상실에 저항하는 데서 나온다. 한번 가졌던 것은 무엇이든 영원히 지속되어야 한다고 잘못 생각하기 때문에 우리는 저항을 한다. 하지만 이런 저항이 상실 그 자체보다 더 많은 고통을 가져온다."

의사이면서 치유의 혁명가로 불리는 리사 랜킨은 저서인《두려움 치유》에서 상실이 우리를 성장시키는 자연스러운 삶의 한 과정이라고 하면서 가짜 두려움에서 벗어나라고 말한다. 그가 일러준 '상실을 받아들이는 명상'을 소개한다.

1. 상실에 저항하는 자신을 보거든 눈을 감고 20분 동안 명상하면서 '받아들이겠습니다'라는 만트라(주문)를 반복한다. 저항하기보다는 있는 그대로를 받아들일 때 고통에서 더 빨리 자유로워질 수 있다. 사실 말처럼 쉬운 일은 아니다. 암, 자식의 죽음, 팔다리를 잃는 것, 해고, 실연, 파산 등을 받아들이기란 결코 간단한 일이 아니다. 그러나 저항한다고 해서 잃은 것이 돌아오지는 않는다.

2. 일기장을 꺼내 당신이 겪은 상실의 한 가지를 되새겨보라.

사랑하는 사람이 죽었거나 반려 동물이나 친한 친구를 잃었을 수도 있다. 집이나 재물일 수도 있고 건강일 수도 있다. 슬픔, 아픔, 분노의 느낌이 올라올 때는 무시하지 말고, 다만 관점을 옮겨서 그 상실의 결과로 생겼을지도 모르는 축복이 있는지 주의를 기울여본다. 상실이 당신을 인생의 어떤 새로운 장으로 이끌고 있다고 느낀 적이 있는가? 그 경험으로 영혼이 성장했는가? 곰곰이 생각한 내용을 글로 적어본다.

어느 날 우연히 텔레비전 채널을 돌리다가 어른 품에 안겨 훌쩍이는 한 아이를 보았다. "보내고 난 후에도 계속 눈물이 나면 어떻게 하지?"라는 질문에 그 아이는 "아롱이와 다롱이가 건강하게 잘 지낸다면 슬프지 않을 것 같아요"라며 울음을 그쳤다.

아파트 베란다에 알을 낳은 어미 여치가 사라진 뒤 여치 새끼 두 마리를 정성으로 키웠는데 영양부족 현상이 나타나는 등 집에서 키우기 어려운 성충이 되자 전문가의 조언에 따라 야생으로 돌려보내는 이별 장면이었다. 상실을 받아들인다는 건 이런 것. 내 곁에서 행복할 수 없다면 기꺼이 보내줘야 하는 사랑을 이해하는 아이, 상실을 대하는 그 아이의 모습을 바라보며 나는 영원한 소유만이 완전한 사랑이라고 생각하는 많은 어른들을 잠시 떠올렸다.

마지막에 절실할 그것을 지금 하라

'빈 둥지 증후군'을 치유하는 웰다잉 7계명

　인생의 후반기에 겪는 상실이 잠깐의 아픔이나 외로움으로 끝나기 어려운 이유는 그 끝에 죽음이 있다는 사실을 알고 있기 때문이다. 젊음이 서서히 사라지면서 사회 지위도 없어지고, 재물도 줄어들고, 가족도 떠나고, 곧이어 모든 것이 끝난다는 두려움. 하나하나의 상실이 곧 완전한 소멸로 가는 과정처럼 느껴지는 데서 오는 허무.

　우리는 늙고 병들고 죽어가는 것을 두려워하지만, 이 두려움이 오히려 우리를 아프게 하고 더 늙게 할 수 있다. 죽음을 궁극의 상실로 여기지 말고 피할 수 없는 삶의 일부로 자연스럽게 받아들인다면 다른 또 하나의 세계를 볼 수 있을 것이다. 죽음으로 섣불리 달려가라는 이야기가 아니다. 죽음이 온다는 사실을 피하지 않고 받아들일 때 지금 더 사랑하고 노력하고 살아있음을 축복으로 느낄 수 있다는 뜻이다.

60대 중반의 옥연은 최근 자꾸만 허무하다는 생각이 든다고 했다. 따져보니 활기차게 살아있을 날이 그리 길지 않다는 생각이 들면서 무슨 일이든 무의미하고 재미가 나지 않는다고 하소연을 했다.

"그런 생각을 하신 지 얼마나 되었나요?"

"지난 겨울부터였던 것 같아요. 그전엔 새벽에 눈이 떠지면 오늘 하루는 어떤 일이 있을까 기대도 하고 준비도 하고 했었는데, 그 무렵부터 열심히 살 필요가 있나 하는 생각이 자꾸 들더라고요. 얼마 안 남은 인생 같고……"

"그 무렵 특별한 변화 같은 게 있었나요?"

"지난해 가을에 둘째인 아들이 결혼했습니다. 매일 하던 아들아이 식사 준비나 옷 챙겨주기 같은 일상이 없어졌어요. 딸이 결혼해 나가고 10년 넘게 같이 살고 있던 아들마저 독립해 나가고 나면 홀가분할 줄 알았는데 그렇지 않더군요. 뭔가 허무하고 딱히 할 일도 없고."

그녀의 지금은, 자식의 양육과 성취가 존재 의미의 대부분을 차지했던 어머니가 노년이 되면서 거치는 과정인 '빈 둥지 증후군'처럼 보였다.

"그렇군요. 아이들이 독립하고 더 이상 손길이 필요하지 않으니 자유로움보다 허전함을 크게 느끼시는군요. 우선 일상이 바뀌어서 그래 보이는데요, 아들 보내기 전과 보낸 후의 달라진 점에 대해 하나씩 짚어볼까요? 먼저 아들이 있어서 꼭 해야 했던 일이 있었다면 어떤 것들일까요?"

"매일 따뜻한 밥을 지었고 시장을 보았지요. 아들아이 출근 때 밥 반 공기라도 먹여 보냈거든요. 그리고 청소와 빨래도 미루지 않았고요. 가계부도 열심히 썼어요. 하루에 집안일을 서너 시간은 꼭 했네요."

"아드님 뒷바라지가 일상의 큰 부분이었군요. 힘들거나 쉬고 싶을 때는 없었나요?"

"번거롭기도 했지요. 아들아이도 아침은 과일이나 우유만 달라고 했는데 아무래도 밥을 먹어야 건강에 이로울 테니 늘 준비했죠. 아침에 일어나서 바쁜 것도 습관이 되니 익숙해졌고요."

"아드님은 매일 자신의 식사를 준비하는 어머니를 어떻게 생각했을까요?"

"글쎄요, 학생 때만 해도 '엄마 밥이 제일'이라고 집밥을 먹고 싶어 했는데, 직장 다니면서는 '힘든데 아침 차리는 건 그만하시라'고 말하곤 했어요. 아침에 그냥 출근하겠다고 자주 말한 걸 보면 부담스럽기도 했을까요?"

장성한 아들이 엄마의 시중을 편하게 받았을 리 없다. 그런데도 엄마에겐 여전히 보살펴야 할 아이로 보였을 것이다. 자신의 품을 떠나 자녀가 독립적으로 살아가는 모습을 가만 지켜봐 주는 것만으로도 부모의 사랑은 충분한데도.

나는 아들에게서 그녀 자신을 살피는 쪽으로 질문의 방향을 틀었다.

"그러면 아들 뒷바라지를 하느라 하지 못한 일이 있다면 뭘까요?"

"아무래도 장기 여행은 어려웠지요. 아들은 가라고 했지만 오래 집을 비우기가 내키지 않았어요. 미국 사는 딸아이가 와서 손녀 봐주면서 함께 지내자 하는 것도 다음에 생각하자고 했죠. 명상 센터에서 머물며 수련하고 싶은 일도 나중으로 미루었고요. 또 식단을 채식 위주로 바꾸면서 소식하고 싶었는데, 고기 좋아하고 잘 먹어야 하는 아들 때문에 여러 반찬을 만들다 보니 내 입맛은 뒷전으로 밀렸고요."

"하고 싶은 걸 미루면서 아드님 뒷바라지를 최우선으로 해오신 이유가 뭔지 생각해 보신 적이 있나요?"

"뭐, 그게 내 일이고 책임이라고 여겼습니다. 난 평생 전업주부였고 아이를 잘 키우고 집안일을 능숙하게 해야만 자신이 쓸모 있는 사람이 되는 거라고 여겼던 것 같아요. 그러고 보니 아들이 나간 후에는 바로 그 '해야 할 가치 있는 일'이 없어진 거라서 우울했던 모양입니다."

그녀는 자신의 가치를, 자녀를 잘 돌보고 집안일을 능숙하게 해내는 데서 찾고 있었다는 사실을 새삼 깨달았다.

"자녀들이 독립했으니 이제 어떤 일에서 자신의 가치를 찾아야 할까요?"

"가치라는 말이 의미가 있네요. 지금부터 내가 어떤 일을 하면 가치가 있다고 느낄까요?"

"어머니에게 가치 있는 일이 무엇인지부터 생각해 봐야겠네요. 자녀를 돌보는 일은 어떤 가치가 있었나요?"

"아이가 원하던 대학 가고 좋은 직업을 갖고 짝을 만나서 가정을 이루면 그 아이도 기쁘고 나도 행복하지요. 돈을 버는 것만큼이나 어떤 성취를 했다고 느끼기도 하고요."

"그러면 어머니는 누구를 즐겁고 행복하게 하는 일에서 가치를 느끼시는군요. 아까 말씀하신, 하고 싶었지만 미루었던 일에서 그런 가치를 찾아보면 어떨까요?"

"우선 내가 즐겁고 행복한 일부터 찾아볼까 싶네요. 아들이 내 가치를 알게 하는 마지막 타인이었다면, 그걸 마무리해서 슬프다기보다 자신을 이제 돌볼 수 있게 되었다고 생각을 바꾸어 봐야겠네요."

"좋은 생각입니다. 그러면 자신을 위해서 무엇부터 해보실래요?"

"명상 센터부터 예약해야겠네요. 더운 여름 산사에서 수행하면 좋을 것 같습니다."

다음으로 우리는 허무하다고 하는 느낌에 대해 집중해 보기로 했다.

"어떤 때에 그런 감정을 많이 느끼나요?"

"많이 늙었다고 생각할 때 그렇지요."

"늙었다는 게 뭐라고 생각하시는데요?"

"다 살았다? 죽을 때가 얼마 남지 않았다? 뭐 그런 느낌인 거 같아요."

"죽음을 생각하니까 허무하다고 느끼시는 거군요. 죽음은 뭐라고 생각하시나요?"

"죽으면 끝이죠. 언제 다가올지 모르지만 죽고 나면 다 끝이지요."

"끝이라서 아쉽거나 허무하거나 하신 건가요? 아니면 죽음의 어떤 부분에 대해 구체적인 두려움이 있는 건가요?"

"죽는 거야 어쩌겠어요? 다 가는 거지요. 오래도록 살고 싶다, 그런 생각을 하지는 않아요. 단지 죽음 자체가 무서워요. 오래 앓다 죽게 될까봐 걱정이고요. 남편도 일찍 가고 없는데 치매나 암에 걸려서 혼자 앓는 것도 무섭고, 아이들 고생시킬까 걱정되고 그러네요."

"그러니까 죽음이 빨리 올까 걱정이라기보다 죽는 과정이 두려우신 거네요. 죽는 과정의 두려움을 줄이려면 어떻게 해야 할까요?"

"죽는 건 누구나 두렵지 않나요? 그런데 말하다 보니 죽을 걱정만 하지 말고 살아있는 동안 잘 지내야겠다는 생각이 드네요. 우선 건강해야겠네요. 아프기 전에 재미나게 잘 살아야겠고요."

늙어간다는 허무함에서 벗어나고 싶다는 옥연과의 코칭 대화는 죽음이 다가오기 전에 할 일을 열심히 하자는 것과, 죽는 과정이 덜 고통스럽도록 건강 관리를 비롯해 미리 준비하자는 것으로 좁혀졌다.

옥연은 아들이 결혼한 뒤 공허해진 자신의 느낌은 이제 더 이상 할 일이 없어진 것 같은 '존재감의 상실'과, 곧이어 다가올 '죽음에 대한 공포' 때문이라고 정리했다.

그녀는 그간 자녀를 돌보면서 느꼈던 자신의 존재 가치를 이제는 자신을 즐겁고 행복하게 하는 삶에서 찾아보기로 했다. 또한 막연히 두려웠던 죽음을 성찰하면서 하루하루의 삶을 더 소중하게 생각하게 되었다고 소감을 나눠주었다.

"건강할 때 죽음을 상상하라는 조언이 마음에 많이 와 닿아요. 막연한 두려움으로 불안해하면서 죽음에서 눈을 돌리기보다, 오히려 죽음을 적극적으로 상상하면 삶도 죽음이고 죽음도 삶이라는 느낌을 이해할 수 있을 것 같아요."

지금 이 순간을 더 느끼고 사랑하자

삶은 '죽어가는 과정'이라고 한다. 유한한 삶은 어쨌든 끝날 테고 그 뒤에는 죽음이니 틀린 말은 아니다. 하지만 이 말을 어떻게 해석하고 받아들이나에 따라 삶의 태도가 달라진다. 어차피 죽을 테니 아무렇게나 살아도 그만이라고 생각할 수도 있고, 영원하지 않은 삶이니 하루하루를 더 소중하게 여길 수도 있을 것이다.

죽음은 내 삶의 보험이자 핑계이기도 하다. 치열하게 살지 못한 지난 삶이 회한으로 다가올 때, '이러다 가는 거지 뭐' 이렇게 여기면 마음 한구석에 위안이 된다. 죽음에 대한 두려움과 불안은 삶에 대한 허무로 이어지기도 한다. 곧 갈 텐데 뭐 그리 열심히 살고 애착할 필요가 있나 싶기도 하다.

죽음에 대해 생각하고 뭐로든 대비하려고 하는 사람도, 어차피 다가올 걸 미리 생각해서 뭐가 좋으냐 외면하는 사람도, 죽음이 언제든 곁에 있다가 덮칠 수 있다는 건 안다. 그대가 나와 같이 60대를 지나고 있다면 더는 외면하거나 젖혀둘 때가 아니라는 것도. 결국 삶을 위하여 우리는 죽음의 허무를 이겨내야한다. 진정한, 자유로운 삶은 다가오는 죽음을 직면하면서 현재에 충실하게 머물 때 가능하다.

죽음이 곁에 올 때까지는 생각하지 않으려는 태도를 벗어나서, 미리 준비하고 가능한 한 인간의 존엄을 지키면서 죽음을 맞이하자는 운동이 웰다잉Well-Dying이다. 웰다잉은 살아온 날을 아름답게 정리하는, 평안한 삶의 마무리를 일컫는 것에서 더 나아가 죽음을 적극적으로 준비하는 것으로까지 그 의미를 확장하고 있다. 인간다운 죽음을 준비하면서 오히려 삶을 풍요롭게 살 수 있다는, 웰다잉이 곧 웰빙Well-Being이라는 것이다.

호스피스 운동의 선구자로 불리는 엘리자베스 퀴블러 로스는 시한부 인생을 선고받은 환자 수백 명의 이야기를 다룬《죽음의 순간》과《인생 수업》으로 우리에게 죽음의 새로운 의미를 알려주었다. 죽음을 앞둔 사람의 이야기는 죽음에 대한 것이 아니라 오히려 삶에 대한 것이었다. 저자가 인터뷰한 사람들은 "삶은 기회이자 아름다움이며 놀이"라고 말하면서, 삶을 붙잡고 감상하고 누릴 것을 권한다.

20년 가까이 중환자실 간호사로 일해 온 김형숙 씨는 저서인《도시에서 죽는다는 것》에서 경험을 바탕으로 이렇게 현실적인 조언을 하고 있다.

"도시에 사는 이들 대부분은 병원에서 마지막 순간을 맞는다. 하지만 그곳은 한 인간이 삶을 매듭짓는 데 적당하지 않을지도 모른다. 일단 그 안에 들어선 이상 쉽게 나올 수도 없고 자기의 뜻을 강하게 주장할 수도 없기 때문이다. 만일 죽음에 대해 무엇도 결정하지 않았고 평소에 그 어떤 바람도 표현하지 않았다면, 가족과 의료진이 고통스러운 결정을 떠맡아야 한다. 하지만 그들 역시 법과 의학, 도덕적 책임에 끌려갈 수밖에 없는 약한 존재들이다."

저자는 사람들이 죽음에 대해 현명한 결정을 내릴 수 있도록 건강할 때 죽음을 생각하기를 권한다. 구체적인 대안의 하나로 사전연명의료의향서의 작성을 제시하고 있다.

2018년부터 시행하고 있는 '연명의료결정법'에 따르면, 19세 이상의 성인은 누구나 사전연명의료의향서를 작성하여 연명 의료에 관한 의사를 미리 밝혀둘 수 있다. 이 서류를 작성하기 위해서는 반드시 보건복지부의 지정을 받은 사전연명의료의향서 등록 기관을 방문하여 충분한 설명을 듣고 작성해야 한다. 등록 기관을 통해 작성·등록된 사전연명의료의향서는 연명 의료 정보 처리 시스템의 데이터베이스에 보관되어 법적 효력을 인정받는다.

존엄한 죽음을 준비하면서 건강한 삶을 이어간다는 웰다잉을 위해 여러 비영리 단체와 법인에서 시니어를 대상으로 다양한 프로그램도 마련하고 있다. 죽음의 의미를 종교와 철학으로 접근하는 '죽음의 이해'에서부터, 버킷 리스트를 만들고 실천하는 '노년의 행복한 삶', 생명 연장의 의미와 연명 치료의 무의미를 돌아보는 '사전연명의료의향서 작성하기', 고령화 시대의 고독사를 예방하고 소외감을 극복하는 사회와의 소통 방법 등 웰다잉을 위한 웰빙의 교육까지 아우르고 있다. 또 상속과 유언의 법률적 이해, 과거와 현재를 정리하는 삶의 기록 남기기, 유서 쓰기, 묘비명 만들기같이 죽음의 정리를 위한 실제 지식도 함께 배울 수 있다.

옥연은 코칭 마지막에 다음과 같이 "웰다잉을 위한 웰빙 7계명"을 작성했다.

첫째, 매달 하고 싶은 일을 정해서 실천하기.

둘째, 건강 관리를 꾸준히 하기.

셋째, 마음으로든 물질로든 매일 한 가지 보시하기.

넷째, 미운 사람 용서하고 고운 사람 더 사랑하기.

디섯째, 유언장과 사전연명의료의향서 작성하기.

여섯째, 장례 계획 세우기.

일곱째, 남기고 싶은 물품 정하기.

그녀의 계명은 소박했으나 절실했다.

"언젠가는 해야겠다고 생각한 일을 지금부터 해야겠습니다. 그간 미루었던, 하고 싶은 일의 리스트를 당장 작성해야겠어요. 우선 나 자신을 더 소중하게 여기고 행복하게 하는 일부터 하고, 가족과 친구와 모든 이에게 조금이라도 도움이 되는 일을 찾아서 하겠습니다. 코칭 대화를 끝내고 나니 마음에 자비와 사랑이 넘쳐나네요 하하. 내일 무슨 일이 생길지 불안과 두려움을 없애려면 오늘 하루를 더 소중하게 살아야겠습니다."

잘 죽기 위해 잘사는 법

건강할 때 죽음을 상상하다

최근 들은 기억에 남는 명언 하나는 젊은 배우가 연기상 시상식에서 한 말이다. 그 배우는 시한부 투병으로 곧 떠날 아버지에게 말한다.

"아버지, 죽음은 존재 양식의 변화라고 생각해요. 너무 두려워 마세요. 사랑합니다."

세상에나, 마흔도 안 된 그가 이 말을 할 때 나는 가슴이 철렁하더니 무언가 차오르는 것이 느껴졌다. 존재 양식의 변화라니, 죽음이 끝이 아니라는 거잖아? 죽음 후에도 우리는 사랑하고 같이 할 수 있다니, 이런 철학자가 있나?

이 배우의 말처럼 죽음으로 육체가 없어진다고 해서 우리 존재가 영원히 소멸하는 건 아닐 것이다. 잘살기 위해 우리는 죽음의 의미를 제대로 성찰할 필요가 있다. 코칭의 이슈로 '죽음에

대하여'라는 키워드를 선택한 네 명의 코치이는 "평소 죽음에
대해 생각하느냐?"는 질문에 이렇게 답했다.

—50대 후반 남성, 교사
"아직 실감나지 않아서 그런지 특별하게 생각해 보지는 않았
어요. 아니 외면해 온 것 같습니다. 그냥 끝이라고 생각해 왔어
요. 지금처럼 진지하게 죽음이라는 단어를 마주해 보기는 처음
입니다."

—60대 초반 여성, 주부
"암에 걸렸다는 지인도 더러 있고, 몸이 예전 같지 않아서 그
런가 가끔 생각해 봅니다. 근데 죽음을 준비하는 게 뭔지는 모
르겠어요."

—60대 중반 남성, 3년 전 은퇴
"자주 생각합니다. 얼마 전에 가까운 친구가 떠났는데 그 이
후로 부쩍 죽음이 가까워진 느낌이에요. 모아놓은 재산도 얼마
안 되는데 죽을 날까지 나한테 시간이 얼마나 남았나 계산해 보
곤 합니다."

—50대 후반 여성, 블로그 작가

"죽음을 늘 생각해요. 일찍 떠난 가족이 여럿이라 그럴까요? 젊었을 때는 이런 자신이 염세적이라 생각했는데, 한편 그래서 더 충실하게 살았다는 생각도 듭니다. 늘 지금 하자, 미루지 말자, 이러고 살았거든요."

죽음을 내놓고 말하는 게 생경하다고 하던 코치이들은 시간이 지나면서 마치 흥미로운 미래를 설계하듯 대화의 열기를 더해갔다. 죽음을 생각하며 산다는 건 염세나 비관이 아니라 오히려 허무를 넘어서는 낙관인지도 모른다.

두 명씩 짝을 지어 질문하고 답하는 그들의 대화에서는 웃음도 나오고 공감의 탄성도 섞여 나왔다.

"죽음이 가까이 있다고 생각한 적이 있으신가요?"

"맨 처음, 차라리 죽는 게 낫겠다는 생각을 한 건 삼수생 시절이었어요. 목표로 하는 대학에 합격할 자신이 없었거든요. 집에서는 이번이 마지막이라고 하고, 공부에 집중은 안 되고, 희망이 없어 보였어요. 그러다가 죽기를 각오하면 뭘 못할까 싶더라고요."

"지금 생각해 보는 죽음은 그때와 어떻게 다르세요?"

"그때는 살아내기가 힘들어서 떠올린 죽음이었다면, 지금은 생을 잘 마무리하기 위해 생각해 보는 것 같아요. 그때는 파멸이고 지금은 완성이라고나 할까요?"

"죽음의 날짜가 정해지면 뭘 하고 싶으세요?"

"있는 돈 다 털어서 홀홀 떠나고 싶어요. 어디든 돌아다니다가 아무도 찾지 못할 곳에서 떠나면 그것도 멋있겠다는 상상을 해봅니다."

"본인은 멋있겠지만 가족은요? 생사불명이 되면 한동안 사망신고도 못하고 복잡해져요."

"그런가요? 그 생각은 못했네요."

두 사람은 함께 웃었다.

"죽음의 순간이 온다고 생각하면 어떤 기분이 드세요?"

"무섭지요. 사실 저는 고독사 얘기가 뉴스에라도 나오면 바로 얼굴을 돌려버려요. 하나 있는 딸은 외국 나가 살고 있는데, 아직은 건강해서 괜찮다지만 앞날이 어찌될지 모르잖아요."

"그런 상황에 대비해 준비하는 일이 있나요?"

"아니요, 아직은. 하지만 언제까지 외면할 수는 없다고 생각해요. 그래서 오늘도 죽음을 생각하는 이 그룹에 들어왔고요."

"늘 죽음을 생각한다고 하셨는데 불안하거나 허무하다는 생각은 안 드시나요?"

"우리 가족은 부모님과 2남 3녀였는데 이제는 3형제만 남았어요. 모두 갑작스러운 사고로 떠났지요. 그래서 죽음은 제 인생의 가장 큰 화두였습니다. 죽음의 트라우마를 벗어난 건 불교 공부를 한 이후였어요. 불교 철학을 이해하고부터 죽음도 순하게 받아들일 수 있게 되었어요. 이제는 죽음이 늘 곁에 있다고 여겨도 불안하기보다 잘살아야지 생각합니다."

그렇게 대답한 코치이는 파트너에게 되물었다.

"죽음이 온다는 사실에 불안을 느끼시나요? 그럴 땐 어떻게 하세요?"

"그냥 생각 안 하려고 애씁니다. 어차피 올 일인데요. 그런데 여기 와서 대화를 나누다 보니 피하기보다 진지하게 마주하면 현재 생활에 더 충실해질 것 같다는 생각이 드네요."

"죽음을 대비한다고 하면 제일 먼저 무얼 해야 한다고 생각하세요?"

"아직 부양할 가족이 있어서 그런지 돈 문제가 제일 크네요. 막연하게 노후엔 이렇게 살아야지 하고 있다가 최근에 친구의 죽음으로 나도 그 노후가 이미 시작되었다는 실감이 확 왔어요.

지금이라도 노후 자금을 따져보고 제대로 공부하고 준비해야겠어요."

20여 분간 짝과 대화를 나눈 그들은 함께 모여 파트너와의 대화를 소개하고 소감을 나누었다. 그 가운데 죽음에 대한 기억을 나눠준 두 명의 이야기를 소개한다.

첫 번째 이야기는 가족을 사고로 여럿 떠나보냈다는 여성의 이야기다.

"제가 중학생이던 때 대학생이던 큰오빠가 교통사고로 죽었어요. 처음 겪은 가족의 죽음이었는데, 누구도 저에게 죽음이 뭔지, 어떻게 받아들여야 하는지 가르쳐주지 않더라고요. 아마 젊은 죽음이어서 그랬겠지요. 그래서 제대로 슬퍼하지도 못했고 가족끼리도 각자 마음속에 묻었어요. 입 밖으로 꺼내면 그 불행이 더 커질까 두려웠던 것 같아요. 그 트라우마를 벗어나기 위해 오랜 시간을 보내야 했습니다. 대학에 들어와 불교 철학을 공부하면서 죽음을 제대로 사유할 수 있었어요. 그 이후에는 죽음이 삶의 일부라고 여기며 살게 되었고, 오히려 오빠를 마음껏 그리워할 수 있었어요. 그 이후에 부모님과 언니가 차례로 갔습니다. 그때도 무척 슬프긴 했어도 오빠 때와 달리 충분히 애도 할 수 있었어요. 아무렇지 않은 척 애쓰지 않아도 되었고요. 지금 그들이 그립지만 늘 곁에 있고 저도 그 길을 갈 거라고 여기면 괴롭지는 않습니다."

다음으로 40년 넘게 절친이었던 친구를 최근에 보냈다는 60대 중반의 남성. 그는 아직 그 충격에서 벗어나지 못하고 있다고 말했다.

"다른 친구와 함께 셋이서 수십 년을 함께 지냈습니다. 은퇴하고는 더 자주 만났지요. 주말이면 함께 산에 가고, 부부 동반으로 여행도 여러 번 했습니다. 건강하던 친구였는데 지난해 암에 걸렸어요. 수술하고 항암 치료하면서 많이 좋아진 듯했어요. 본인의 의지도 강했고요. 그랬는데 재발하더니 1년 만에 갔네요. 젊어서 고생을 많이 하고 이제 살 만한데 그리되니 인생이 참으로 허무하구나 싶어요. 나까지 팍삭 늙은 느낌입니다. 예상보다 충격이 컸어요. 그 친구가 가고는 정신이 번쩍 들면서 재산은 얼마나 되는지도 계산해 보고 남은 인생을 어떻게 하면 잘 사는 걸까 생각해 보게 되었어요."

죽음의 절박함이 삶의 가치를 더한다

부처는 생로병사, 즉 늙고 병들어 죽는다는 실존의 괴로움을 극복하기 위해 수행을 시작했다. 오랜 고행 끝에 부처는 죽음을 포함한 모든 고통과 두려움을 극복하고 번뇌에서 벗어나는 지혜를 설파하기 시작했다. 그의 사상은 인생의 허무에서 시작하나 비관으로 끝나지 않는다. 불교에서 죽음이란 단지 태어나고 소멸하는 숙명의 끝이 아니다. 삶 곁에, 삶 속에 죽음이 있다는 사실을 인식할 때 미련과 집착을 버리고 자유로운 삶으로 나아갈 수 있다고 말한다.

코칭 대화로 죽음의 의미를 새롭게 정의한 코치이들은 '잘 죽기 위해 잘사는 법'을 이슈로 코칭을 이어갔다. 건강 관리와 노후 자금 등 구체적인 계획부터 죽음을 맞이하는 자세와 마음 공부까지 각자 자신의 미션을 만들었다.

— 50대 후반 남성

"제 인생의 3분의 2 지점에 도달했다고 여기고 남은 인생의 목표와 할 일을 계획해 보겠습니다. 죽음이라기보다 골인 지점이라고 생각하게 된 것이 큰 깨달음이고요. 끝이 아니라 삶의 완성이라고 여기면서 충실하게 살 수 있을 것 같습니다. 허무해질 때마다 오늘의 대화와 깨달음을 되새겨보겠습니다."

그리고 그는 다음과 같이 앞으로의 지침을 만들어서 보여주었다.

- 가족에게 잘할 것. 일주일에 하루는 가족을 기쁘게 하는 날로 정한다.
- 새로운 공부를 한다. 외국어 배우기, 잘하지 못하는 운동이나 레저 해보기, 요리나 텃밭 가꾸기 등 생활 공부도 포함한다. 6개월에 한 번씩 점검하고 새로운 목표를 만든다.
- 노후에 필요한 돈을 계산해 보고 예순이 되기 전에 부족한 부분을 채울 방법을 찾거나 안 되면 가진 돈으로 노후 생활이 가능한 방법을 모색한다.

— 60대 중반 여성

"아직은 젊다고 자신하면서 게을렀던 마음을 반성했습니다. 운전이나 여행 등 누구의 도움 없이 지낼 수 있는 시간이 10여 년 정도라는 것을 인정하고, 잘 늙기 위해 하루하루를 더욱 충실하게 살아야겠다고 생각하게 됐어요. 현재를 잘사는 게 미래의 두려움을 없애줄 것 같아요."

그녀의 다짐은 이렇다.

- 가족뿐 아니라 친구끼리 서로 격려하고 응원하는 지지 모임을 만들겠다. 그들이 나를 지지하는 만큼 나도 그들을 지지할 수 있도록 자비와 배려심을 계속 키우겠다.
- 나이 듦에 대한 두려움을 없애도록 마음챙김 수련을 열심

히 하겠다.

- 웰다잉을 위해 연명 의료 결정과 사전 유언 작성 등 미리 준비할 것을 알아보고 실천한다.
- 건강 관리를 위하여 소식과 균형 있는 식단을 꼭 지키고, 매일 한 시간 이상 걷는다.

― 50대 후반 여성

"죽음을 두려워하지 않게 되었다고 생각하면서 가끔은 그게 지나쳐서 허무에 빠지곤 합니다. 그 허무를 핑계로 게으르게 살기도 하고요. 저는 오늘 코칭을 통해 오히려 좀 더 치열하게 살아야겠다고 결심하게 되었어요. 죽음보다 삶 쪽으로 더 시선을 돌리고 싶어요."

그래서 그녀는 이런 지침을 세웠다.

- 현재의 직장에서 정년을 기다리지 말고 내가 더 좋아하는 일을 찾아 전업해 보기.
- 두 아이를 분가시키면 도심을 떠나 전원 생활을 할 수 있도록 미리 계획 세우기.
- 은퇴 후 시간을 보낼 즐거운 취미 생활을 위해 지금부터 배우고 훈련하기.
- 책 읽고 쓰기를 꾸준히 하기. 1년에 한 권은 전자책으로라

도 엮어내기.

— 60대 초반 남성

"최근 죽음이 멀리 있는 게 아니라는 걸 실감하고 있던 터라 죽음에 대해 더 진지하게 생각해 보게 된 시간이었습니다. 정말 하루하루가 소중하다는 생각을 다시 하게 되었고요. 경제적인 문제가 첫 화두였는데 죽음을 큰 시각으로 바라보게 되니 오히려 그 걱정에서도 조금 놓여난 기분입니다."

그는 이런 계획들을 세웠다.

- 지금 나의 재무 상황을 전문가에게 상담해서 장기 계획을 만든다. 그에 따라 자녀의 지원 규모를 정하고 노후 생활을 설계할 것.
- 건강에 도움이 되는 취미 생활을 꾸준히 할 것. 등산보다는 무리가 적은 걷기와 수영 같은 걸로 종목을 바꿀 것.
- 정기적으로 갖는 대학 동창들과의 골프 모임 횟수를 절반으로 줄이고, 그만큼의 경비를 어려운 이웃에게 기부할 것.
- 매일 아침 짧게라도 명상하기를 빠뜨리지 말고 마음 공부 모임에 자주 참석할 것.

'염사念死'라는 것이 있다. 늘 죽음을 생각한다는 뜻이다. 염사는 어떻게 하는 것일까?

"늘 '정사定死'를 생각한다. 누구나 반드시 죽는다. 언제 죽을 지는 정해진 것이 아니며 언제든 죽을 수 있음을 염두에 두어야 한다. 부처는 '목숨은 숨을 한 번 들이마시고 한 번 내쉬는 사이에 있다'고 하였다. 죽을 때는 아무것도 가지고 갈 수 없고 죽음 앞에서는 누구도 자신을 도와줄 수 없다. 오로지 자기 내면의 신념에 의지할 수 있다는 사실을 알아야 한다. 한마디로 염사란 늘 죽음을 염두에 두고 삶으로써 속세의 애욕을 떨쳐내려 노력하는 것을 뜻한다."

페이융이 《초조하지 않게 사는 법》이라는 책에서 한 말이다. 죽음을 상상하며 산다는 건, 비관이 아니라 지금 살아있음을 체감하는 희열이다. 삶이 죽음의 과정이라는 깨달음은, 죽음이 부질없는 소멸이 아니라 무한으로 확장하는 완성이라는 성찰로 이어진다. 그러니 '죽음은 존재 양식의 변화'라는 젊은 배우의 멋진 한마디를 잘 기억하자.

새로운 질문이 새로운 시간을 만든다

지금 나에게 필요한 108가지 질문

몇 해 전, 한 교수의 〈추석이란 무엇인가?〉라는 제목의 칼럼이 화제였다. 그가 던지는 근원의 질문들에 사람들은 신선하고 당혹스러운 깨우침을 얻게 되었다. 명절에 가족 친지가 모인 자리에서 "취직은 했느냐?" "결혼은 안 하냐?" "아이는 언제 낳느냐?" 이런 질문이 날아올 때, "직업이란 무엇인가?" "결혼이란 무엇인가?" "후손이란 무엇인가?"라고 되물어보라는 것이었다. "그 대답을 들은 작은아버지나 고모가 '얘가 미쳤나?'라고 말하면 '제정신이란 무엇인가?'라고 대답하라"(김영민, 《아침에는 죽음을 생각하는 것이 좋다》)는 것이다.

이런 식의 되묻기는 해묵은 잡귀와도 같은 '오지랖'을 밀쳐내고 자유를 얻을 수 있게 한다고 교수는 말한다. 그의 이러한 선문답과도 같은 유머는 명절을 앞두고 가족과 친지와의 상봉에 스트레스를 받고 있던 젊은이들에게 청량한 깨달음과 용기를 주었다.

코치로서 바라보면 이 세상에는 두 종류의 사람이 있다. 질문을 하는 사람과 하지 않는 사람. 세 종류라고 해야겠다. 좋은 질문을 하는 사람과 나쁜 질문을 하는 사람, 그리고 질문하지 않는 사람. "취직은 언제 하냐?" "왜 아이는 낳지 않냐?"와 같은 질문은 답을 구하기보다 다그치고 몰아세우는 참견일 뿐이다.

살아오면서 우리는 얼마나 많은 질문을 할까? 답이 있는 질문도 있고 답이 없는 질문도 있다. 관점을 새롭게 만드는 질문은 그 자체로 가치가 있다. 사진도 찍는 각도에 따라 전혀 다른 모습을 보여주듯이 상황을 다른 관점에서 바라보면 새로운 깨달음이 생긴다.

관점을 바꾸도록 도와주는 질문은 코칭에서 가장 강력하고 유용한 도구이다. 코치는 "왜?"라고 잘잘못을 따져 묻지 않고 "무엇을?" "어떻게?"로 다르게 생각하고 새로운 행동으로 옮기게 하는 질문을 던진다.

오늘도 그대에게는 수십 개의 질문이 스쳤을 것이다. 끊임없이 생겨나는 여러 질문에 스스로 답을 해보지만 그것만으로는 뭔가 부족하다고 느낄 때, 먼저 질문을 바꾸어보자. 한 단계 올라서서 바라보는 혹은 더 깊이 내려가 본질을 생각하게 하는 질문을 던져봄으로써 미처 도달하지 못했던 새로운 해답을 만날 수 있을 것이다.

어떤 선택을 앞두었을 때, 새로운 자신을 만나고 싶을 때, 매일 되풀이되는 일상에 지쳤을 때, 아래에 적힌 질문 또는 거기서 뻗어나가는 자신만의 질문으로 정말 내가 원하는 변화가 무엇인지 찾아보자.

새로운 변화를 원할 때

현재가 분명 만족스럽지는 않은데 어떤 변화를 주어야 할지 잘 모르겠다면 먼저 자기 성찰을 해보는 것도 좋은 방법이다. 이는 변화를 불러올 새로운 선택을 할 수 있을지 자신의 마음과 의지를 들여다보는 일이기도 하다.

나는 어떤 사람인가?

1. 스스로 생각하는 자신의 이미지를 세 개의 단어로 나타낸 다면?

2. 다른 사람이 나에 대해 하는 말 중에 가장 많이 듣는 말은 무엇인가요?

3. 당신은 어떤 사람이라는 말을 들었을 때가 가장 좋았나요?

4. 최근 당신의 얼굴을 들여다본 적이 언제인가요?

5. 그 얼굴에서 무엇을 느꼈나요?

6. 당신이 가장 당신답다고 느낄 때는 언제인가요?

7. 당신답지 않다고 느껴질 때는 언제인가요?

8. 누구와 있을 때 가장 당신다울 수 있다고 느끼나요?

9. 당신은 주로 무엇에 감동하나요?

10. 진짜 호기심을 품고 있는 분야가 있다면 어떤 것인가요?

11. 언제 열정이 불타오르나요?

12. 항상 어렵게 느끼는 선택은 무엇인가요?

13. 당신의 삶을 지탱하게 하는 가장 근원적인 힘은 무엇인가요?

14. 사람들은 잘 모르지만, 알리고 싶은 당신의 모습이 있다면 무엇인가요?

15. 다른 사람들에게 어떤 사람으로 기억되길 원하나요?

16. 자신에게 주고 싶은 선물이 있다면 무엇인가요?

과거의 나는 어떠했나?

17. 지금까지의 인생에서 3대 사건을 꼽는다면 무엇인가요?

18. 그 세 개의 사건은 인생에 어떤 영향을 끼쳤습니까?

19. 살아오는 동안 제일 잘했다고 생각하는 선택은 어떤 것인

가요?

20. 그 선택은 자신의 인생을 어떻게 달라지게 했나요?

21. 지난 삶에서 가장 찬란했던 순간은 언제인가요?

22. 당신이 이룬 가장 빛난 성취가 있다면 무엇인가요?

23. 그 성취를 가능하게 했던 자신의 자산은 무엇인가요?

24. 시간 여행이 가능해 과거의 어떤 순간으로 돌아갈 수 있다면 언제로 돌아가고 싶나요?

25. 그때로 돌아가서 하고 싶은 일은 무엇인가요?

26. '지금 알고 있는 것을 그때 알았더라면' 하고 아쉬움이 남는 일이 있다면 무엇인가요?

27. 과거에 자신이 원했던 것 중에 지금 새롭게 도전하고 싶은 일이 있다면 무엇인가요?

28. 그 도전이 앞으로의 인생에 어떤 변화를 가져올 수 있을까요?

29. 삶이 가르쳐준 최고의 지혜는 무엇인가요?

현재의 나는 어떤 모습인가?

30. 요즘 가장 많이 하는 생각은 무엇인가요?

31. 요즘 당신을 가장 즐겁게 하는 일은 무엇인가요?

32. 요즘 가장 자주 찾는 공간은 어디인가요?

33. 요즘 가장 자주 만나는 사람은 누구인가요?

34. 최근에 가장 많이 웃었던 때는 언제인가요?

35. 최근에 가장 크게 화를 낸 적은 언제인가요?

36. 하루 중 가장 많은 시간을 쓰는 일은 무엇입니까?

37. 온전히 집중하고 싶은 일은 무엇인가요?

38. 하루 중 온전하게 자신에게 집중하는 시간은 얼마나 되나요?

39. 오늘의 일기를 쓰면 첫마디가 무엇일까요?

40. 오늘이 다른 날보다 특별했다면 그 이유는 무엇인가요?

41. 오늘 특별히 아쉬웠던 점이 있다면 무엇인가요?

42. 하루를 다시 시작한다면 무엇을 다르게 하고 싶은가요?

43. 더 나은 하루를 만들기 위해 그만두어야 할 것이 있다면?

44. 지금 가장 갖고 싶은 것은 무엇인가요?

45. 그것을 갖고 싶은 이유는 무엇인가요?

46. 기억하려 하는데 자꾸 잊게 되는 무언가가 있나요?

47. 기억하려고 하는 이유와 자꾸 잊어버리는 이유는 무엇입니까?

미래의 나는 어떠하길 바라는가?

48. 나의 꿈이 무엇인지 최근에 생각해 보았다면 언제인가요?

49. 아직 누구에게도 말하지 않은 꿈이나 소망이 있다면 무엇인가요?

50. 최근 새롭게 시작했거나 도전한 일이 있다면 무엇인가요?

51. 지금의 자신에게서 가장 변하고 싶은 한 가지는 어떤 것인가요?

52. 변하고 싶은 이유는 무엇인가요?

53. 변화하고 난 뒤 그 모습을 누구에게 맨 먼저 보여주고 싶은가요?

54. 변화를 위해서 나아갈 때 걸림돌이 있다면 무엇일 것 같나요?

55. 그 걸림돌을 넘어가기 위해서 해야 할 일이 있다면 무엇인가요?

56. 변화를 위해 누군가의 도움을 받는다면 누구로부터 도움을 받고 싶은가요?

57. 1년 안에 이루고 싶은 일이 있다면 그것은 무엇인가요?

58. 그 목표를 위해서 바로 시작해야 할 일 세 가지를 든다면 무엇입니까?

59. 그 목표를 달성했을 때 당신은 어떻게 달라져 있을까요?

60. 그 일을 시작해야 할 시점은 언제인가요?

더 바람직한 관계를 위해

관계는 역동적이다. 아무리 가까워도 늘 좋을 수만은 없다. 가까운 사이일수록 노력이 필요하다. 가까운 사람과의 관계에서 어려움을 겪는다면 그 사람과 맺고 싶은 이상적인 모습을 먼저 그려본다. 그런 다음 그렇게 되기 위해 당신이 해야 할 일이 무엇인지 생각해 보자.

가족의 의미를 돌아본다

61. '가족' 하면 떠오르는 단어를 세 개만 꼽는다면 어떤 것들인가요?

62. 당신에게 가족은 어떤 존재인가요?

63. 가족과 함께 있을 때 주로 느끼는 감정은 어떤 것인가요?

64. 가족이 가장 필요하다고 느끼는 때는 언제인가요?

65. 최근 가족과 보낸 가장 즐거웠던 시간은 언제인가요?

66. 가족과 함께하는 시간이 일주일에 얼마나 되나요?

67. 당신은 가족을 위해 주로 어떤 역할을 해왔나요?

68. 그 역할에 변화를 주고 싶다면 이유가 무엇인가요?

69. 당신과 가족 사이에서 가장 자주 발생하는 문제는 무엇인가요?

70. 그 문제를 해결하기 위한 당신의 역할은 무엇인가요?

71. 기억에 남는, 당신을 인정해 주는 가족의 말은 무엇이었나요?

72. 가족 모두에게 하고 싶은 말이 있다면 무엇인가요?

73. 그 말을 아직 하지 않았다면 그 이유는 무엇인가요?

74. 그 말을 가족에게 한다면 언제 할 수 있을까요?

75. 배우자가 해주었으면 하는 첫 번째 일은 무엇인가요?

76. 배우자에게 해주고 싶은 첫 번째 일은 무엇인가요?

77. 자녀가 해주었으면 하는 첫 번째 일은 무엇인가요?

78. 자녀에게 해주고 싶은 첫 번째 일은 무엇인가요?

친구의 의미를 돌아본다

79. 어떤 때에 외롭다고 느끼나요?

80. 외롭다고 느낄 때 가장 먼저 생각나는 사람은 누구인가요?

81. 요즘 보고 싶은 사람은 누구인가요?

82. 요즘 가장 자주 만나는 사람은 누구인가요?

83. 당신에게 친구란 어떤 의미인가요?

84. 친구와 하고 싶은 일 세 가지가 있다면 무엇입니까?

85. 친했지만 연락이 뜸해진 친구가 있다면 누구인가요?

86. 가장 큰 영향을 준 롤모델이나 멘토가 있다면 누구인가요?

87. 세상에서 가장 아름다운 곳을 갈 수 있다면 누구와 동행
하겠습니까?

88. 지금 바로 연락하고 싶은 친구가 떠올랐다면 누구인가요?

89. 당신은 어떤 친구가 되고 싶은가요?

90. 그런 친구가 되기 위해 당신이 노력해야 할 일은 무엇입
니까?

상실과 죽음의 두려움으로 불안할 때

상실 그 자체보다 상실에 대한 두려움이 우리를 병들게 한다.
상실과 죽음을 의연하게 받아들일 수 있을 때 진정한 자유를 느
낄 수 있을 것이다. 건강하게 숨 쉬고 사랑하는 이 시간이 더 소
중하게 다가올 질문을 해보자.

91. 잃을까 두려운 것이 있다면 그것은 무엇인가요?

92. 그것이 사라진다고 생각하는 것만으로도 두렵다면 왜 그
럴까요?

93. 최근에 마음을 아프게 한 상실이 있다면 무엇인가요?

94. 그 상실이 당신의 인생에 어떤 변화를 가져왔나요?

95. 상실 후에 새롭게 느낀 것이 있다면 무엇인가요?

96. 상실의 두려움으로 불안할 때 마음을 안정시키는 당신의 비법은 무엇인가요?

97. 상실의 아픔을 나누고 싶은 사람이 있다면 누구입니까?

98. 죽음을 생각한 적이 있다면 어떤 이유에서였나요?

99. 죽음을 생각하면 무엇이 가장 두려운가요?

100. 생이 하루 남았다는 사실을 알게 된다면 무엇을 하고 싶나요?

101. 생이 일주일 남았다면 하고 싶은 일은 무엇인가요?

102. 생이 1년 남았다면 하고 싶은 일은 무엇인가요?

103. 자신이 사라진 뒤에 가장 염려되는 일은 무엇인가요?

104. 오늘 자신의 사망 부고를 낸다면 자신이 어떤 사람이었다고 묘사하게 될까요?

105. 죽기 전 가까운 사람에게 남기고 싶은 이야기가 있다면 무엇인가요?

106. 당신의 인생을 한 편의 영화로 만든다면 어떤 제목을 붙이고 싶은가요?

107. 평화로운 죽음을 준비하고 싶다면 가장 먼저 해야 할 일이 뭐라고 생각하나요?

108. 당신의 죽음에 대해 의논하고 싶은 첫 번째 사람은 누구인가요?

샨티의 뿌리회원이 되어
'몸과 마음과 영혼의 평화를 위한 책'을 만들고 나누는 데
함께해 주신 분들께 깊이 감사드립니다.

개인

이슬, 이원태, 최은숙, 노을이, 김인식, 은비, 여랑, 윤석희, 하성주, 김명중, 산나무, 일부, 박은미, 정진용, 최미희, 최종규, 박태웅, 송숙희, 황안나, 최경실, 유재원, 홍윤경, 서화범, 이주영, 오수익, 문경보, 여희숙, 조성환, 김영란, 풀꽃, 백수영, 황지숙, 박재신, 염진섭, 이현주, 이재길, 이춘복, 장완, 한명숙, 이세훈, 이종기, 현재연, 문소영, 유귀자, 윤홍용, 김종휘, 보리, 문수경, 전장호, 이진, 최애영, 김진회, 백예인, 이강선, 박진규, 이욱현, 최훈동, 이상운, 김진선, 심재한, 안필현, 육성철, 신용우, 곽지희, 전수영, 기숙희, 김명철, 장미경, 정정희, 변승식, 주중식, 이삼기, 홍성관, 이동현, 김혜영, 김진이, 추경희, 해다운, 서곤, 강서진, 이조완, 조영희, 이다겸, 이미경, 김우, 조금자, 김승한, 주승동, 김옥남, 다사, 이영희, 이기주, 오선희, 김아름, 명혜진, 장애리, 신우정, 제갈윤혜, 최정순, 문선희

단체/기업

(주)김정문알로에 KIM JEONG MOON ALOE CO. LTD.　환경재단　design Vita　PN풍년

세명 한국가족상담협회·한국가족상담센터　생각과느낌 소아청소년 성인 몸 마음 클리닉

경일신경과 | 내과의원　순수피부과　월간 풍경소리　FUERZA

샨티 이메일로 이름과 전화번호, 주소를 보내주시면 샨티의 신간과 각종 행사 안내를 이메일로 받아보실 수 있습니다.

이메일 : shantibooks@naver.com
전화 : 02-3143-6360 팩스 : 02-6455-6367